D0783152

CEREMONIAL SONGS

CANTOS CEREMONIALES

PABLO NERUDA

CEREMONIAL SONGS

CANTOS CEREMONIALES

Translated by Maria Jacketti

Latin American Literary Review Press
Pittsburgh, Pennsylvania
Series: Discoveries
1996

The Latin American Literary Review Press publishes Latin American creative writing under the series title *Discoveries*, and critical works under the series title *Explorations*.

Library of Congress Cataloging-in-Publication Data

Neruda, Pablo. 1904-1973.
    [Cantos ceremoniales. English and Spanish]
    Ceremonial Songs / Pablo Neruda; translations by Maria
    Jacketti.

    Contents: El sobrino de occidente/The western nephew —
    La insepulta de Paita/The unburied woman of Paita — El
    gran verano/The great summer — Toro/The bull — Cordil
    leras/Cordilleras — Elegía de Cádiz/Cádiz Elegy —
    Cataclismo/Cataclysm — Lautréamont reconquistado/
    Lautréamont Reconquered — Oceana/Ocean Lady — Fin
    de fiesta/Fiesta's end.
    ISBN 0-0935480-80-3 (pbk.)
    I. Jacketti, Maria. II. Title.
    PQ8097.N4C212 1996
    861--dc20   96-15032
                                         CIP

Cover painting by Moises Wodnicki. Courtesy of Gena Wodnicki.

Latin American Literary Review Press
121 Edgewood Avenue
Pittsburgh, PA 15218
Tel (412) 371-9023 • Fax (412) 371-9025

Acknowledgments

This project is supported in part by grants from the National Endowment for the Arts in Washington, D.C., a federal agency, and the Commonwealth of Pennsylvania Council on the Arts.

CONTENTS

EL SOBRINO DE OCCIDENTE   14
THE WESTERN NEPHEW   15

LA INSEPULTA DE PAITA   18
THE UNBURIED WOMAN OF PAITA   19

EL GRAN VERANO   56
THE GREAT SUMMER   57

TORO   68
THE BULL   69

CORDILLERAS   78
CORDILLERAS   79

ELEGIA DE CADIZ   84
CADIZ ELEGY   85

CATACLISMO   96
CATACLYSM   97

LAUTREAMONT RECONQUISTADO   112
LAUTREAMONT RECONQUERED   113

OCEANA   120
OCEAN LADY   121

FIN DE FIESTA   128
FIESTA'S END   129

In memory of John Marino,
first writer in the family

EL SOBRINO DE OCCIDENTE

Cuando tuve quince años cumplidos llegó mi tío Manuel
con una valija pesada, camisas, zapatos y un libro.
El libro era *Simbad el Marino* y supe de pronto
que más allá de la lluvia estaba el mundo
claro como un melón, resbaloso y florido.
Me eduqué, sin embargo, a caballo, lloviendo.
En aquellas provincias, el trigo
movía el verano como una bandera amarilla
y la soledad era pura,
era un libro entreabierto, un armario con sol olvidado.

Veinte años! Naufragio!
Delirante batalla,
la letra
y la letra,
el azul,
el amor,
y Simbad sin orillas,
y entonces
la noche delgada,
la luz crepitante del vino.

Pregunto libro a libro, son las puertas, hay alguien
que se asoma y responde y luego no hay
respuesta, se fueron las hojas,
se golpea a la entrada del capítulo,
se fue Pascal, huyó con los Tres Mosqueteros,
Lautréamont cayó de su tela de araña,
Quevedo, el preso prófugo, el aprendiz de muerto
galopa en su esqueleto de caballo
y, en suma, no responden en los libros:
se fueron todos, la casa está vacía.
Y cuando abres la puerta hay un espejo
en que te ves entero y te da frío.

THE WESTERN NEPHEW

When I was fifteen years old, my Uncle Manuel arrived
with a heavy suitcase, shirt, shoes, and a book.
The book was *Sinbad the Sailor*, and I soon learned
that beyond the rain, the world existed,
clear as a melon, slippery, and full of flowers.
Of course, I educated myself on horseback, in the downpour.
In those provinces, the wheat
swayed summer like a yellow flag,
and the solitude was immaculate:
a half-open book, a closet with forgotten sunlight.

Twenty years! Shipwreck!
Delirious battle,
writing
and writing,
the blueness,
the love,
and Sinbad without shores,
and then
the slim night,
the crackling light of wine.

Book, by book, I ask questions—there are doors—there is someone
who looks out and responds and then there is no
answer—the pages have fled.
There is a knock at the door of a chapter:
Pascal is gone—he has fled with the Three Musketeers.
Lautreamont fell from his spider's web.
Quevedo, the fugitive captive, death's apprentice,
gallops away on his skeleton horse.
And finally, they do not respond in books:
they've all fled—the house is empty.
And when you open the door, there is a mirror;
you see your full self, and you are chilled.

De Occidente, sí— sí, sí, sí—,
sí—,
manchado por tabaco y humedad,
desvencijado como un carro viejo
que dejó una por una sus ruedas en la luna.
Sí, sí, después de todo, el nacimiento
no sirve, lo arregla, desarregla
todo: después la vida de las calles,
el ácido oficial de oficinas y empleos,
la profesión raída del pobre intelectual.
Así entre Bach y póker de estudiantes
el alma se consume, sube y baja,
la sangre toma forma de escaleras,
el termómetro ordena y estimula.

La arena que perdimos, la piedra, los follajes,
lo que fuimos, la cinta salvaje del nonato
se va quedando atrás y nadie llora:
la ciudad se comió no sólo a la muchacha
que llegó de Toltén con un canasto claro
de huevos y gallinas, sino que a ti también,
occidental, hermano entrecruzado,
hostil, canalla de la jerarquía,
y poco a poco el mundo tiene gusto a gusano
y no hay hierba, no existe rocío en el planeta.

From the West, yes— yes, yes, yes—,
yes,
stained by tobacco and rain,
rickety as an old chariot
which left behind, one by one, wheels on the moon.
Yes, yes, after all, birth is a failure;
it arranges—it throws everything
into chaos: after street life,
the official acid of offices and jobs,
the threadbare profession of the poor intellectual.
So, between Bach and poker with students,
the soul is consumed. It rises and falls.
Blood takes on the form of a staircase.
The thermometer orders and stimulates.

The lost sand, the stone, the leaves,
the past we embodied, the savage cord of the cesarian baby
who remains behind—and no one cries.
The city consumed not only the young girl
who arrived from Tolten with a clear basket
of eggs and hens—it consumes you, too!
Westerner, brother at the crossroads,
hostile scoundrel of the hierarchy.
Little by little, the world tastes like a worm.
There is no grass—no more dew exists on the planet.

LA INSEPULTA DE PAITA

Elegía dedicada a la memoria de Manuela Sáenz,
amante de Simón Bolívar

PROLOGO

Desde Valparaíso por el mar.

El Pacífico, duro camino de cuchillos.

Sol que fallece, cielo que navega.

Y el barco, insecto seco, sobre el agua.

Cada día es un fuego, una corona.

La noche apaga, esparce, disemina.

Oh día, oh noche,

oh naves

de la sombra y la luz, naves gemelas!

Oh tiempo, estela rota del navío!

Lento, hacia Panamá, navega el aire.

Oh mar, flor extendida del reposo!

No vamos ni volvemos ni sabemos.

Con los ojos cerrados existimos.

THE UNBURIED WOMAN OF PAITA

Elegy dedicated to the memory of Manuela Saenz,
lover of Simon Bolivar

PROLOGUE

From Valparaiso through the sea.

The Pacific, hard road of knives.

The dying sun, a guiding sky.

And the ship, an arid insect over the ocean.

Each day gives birth to a blaze, a crown.

The night is quenched: it thins out, it scatters.

Oh day, oh night,

oh ships

of shadow and illumination, twin ships!

Oh time, broken wake of the ship.

Slowly, we cut a path to Panama—the air is guiding.

Oh sea, extended flower of stillness!

We do not go, return, or know.

With eyes closed, we simply exist.

I

LA COSTA Surgió como un puñal
PERUANA entre los dos azules enemigos,
cadena erial, silencio,
y acompañó a la nave
de noche interrumpida por la sombra,
de día allí otra vez la misma,
muda como una boca
que cerró para siempre su secreto,
y tenazmente sola
sin otras amenazas
que el silencio.

Oh larga
cordillera
de arena y desdentada
soledad, oh desnuda
y dormida
estatua huraña
a quién,
a quiénes
despediste
hacia el mar, hacia los mares,
a quién
desde los mares
ahora
esperas?

Qué flor salió,
qué embarcación florida
a fundar en el mar la primavera
y te dejó los huesos
del osario,
la cueva
de la muerte metálica,
el monte carcomido
por las sales violentas?

I

THE It surged like a dagger
PERUVIAN between two blue enemies,
COAST fallow hills, the hush.
A convoy of
suspended shadows,
the day there, again the same,
mute, a mouth
forever sealed with its secret
in stubborn solitude
with no other threats—
just the silence.

Oh long
cordillera
of sand and toothless
isolation, naked
and sleepy
intractable statue,
whom,
whom
did you escort
to the sea?
Whose return
from the sea
do you await?

What flower perished?
Which vessel laden with bouquets voyaged
to establish oceanic springtime?
You were abandoned
with the cemetery's relics,
the cave
of metallic death,
the hill, eaten away
by stormy salt.

Y no volvió raíz ni primavera,
todo se fue en la ola y en el viento!

Cuando a través
de largas
horas
sigues,
desierto, junto al mar,
soledad arenosa,
ferruginosa muerte,
el viajero
ha gastado
su corazón errante:
no le diste
un solo
ramo
de follaje y frescura,
ni canto de vertientes,
ni un techo que albergara
hombre y mujer amándose:
sólo el vuelo salado
del pájaro del mar
que salpicaba
las rocas
con espuma
y alejaba su adiós
del frío del planeta.

Atrás, adiós,
te dejo
costa
amarga.
En cada hombre
tiembla
una semilla
que busca
agua celeste
o fundación porosa:

And neither root nor springtime returned!
Everything perished in the waves and wind!

When
through
long hours,
you persist,
deserted, united with the sea,
sandy loneliness, iron death,
the traveler uses up
his wandering heart.
You did not bestow upon him
a single green branch
for refreshment,
or songs or slopes,
or a roof to shelter
a man and woman making love —
only the salty flight
of the seabird
splashing the rocks
with foam.
The departing gesture went away —
far from the planet's shivering.

Into the past, good-bye,
I am leaving you,
bitter
coast.
In each man,
a seed
trembles
in search of heavenly waters,
or a porous foundation.

cuando no vió sino una copa larga
de montes minerales
y el azul extendido
contra una inexorable
ciudadela,
cambia el hombre su rumbo,
continúa su viaje
dejando atrás la costa del desierto,
dejando
atrás
el olvido.

II

LA
INSEPULTA   En Paita preguntamos
por ella, la Difunta:
tocar, tocar la tierra
de la bella Enterrada.

No sabían.

Las balaustradas viejas,
los balcones celestes,
una vieja ciudad de enredaderas
con un perfume audaz
como una cesta
de mangos invencibles,
de piñas,
de chirimoyas profundas,
las moscas
del mercado
zumban
sobre el abandonado desaliño,
entre las cercenadas
cabezas de pescado
y las indias sentadas
vendiendo
los inciertos despojos

When he sees only a long cup
of mineral mountains
and the extended blueness
against an inexorable
citadel,
man changes his course;
he continues his journey,
leaving behind the abandoned coast,
leaving behind
the oblivion.

II

THE
UNBURIED
WOMAN

In Paita, we asked
about her, the Dead Woman,
so that we could touch, could feel the earth
of the Buried Woman's radiance.

They did not know.

The old balustrades,
the balconies in the sky,
an aged city of vines
with an intrepid aroma
like a basket of
invincible mangos,
pineapples,
deep chirimoyas.
The market
flies
buzz over
the neglect and abandon,
among the severed
fish heads,
and the Indian women, seated,
selling
uncertain spoils

con majestad bravía,
—soberanas de un reino
de cobre cobre subterráneo—,
y el día era nublado,
el día era cansado,
el día era un perdido
caminante, en un largo
camino confundido
y polvoriento.

Detuve al niño, al hombre,

al anciano,

y no sabían dónde

falleció Manuelita,

ni cuál era su casa,

ni dónde estaba ahora

el polvo de sus huesos.

Arriba iban los cerros amarillos
secos como camellos,
en un viaje en que nada se movía,
en un viaje de muertos,
porque es el agua
el movimiento,
el manantial transcurre,
el río crece y canta,
y allí los montes duros
continuaron el tiempo:
era la edad, el viaje inmóvil
de los cerros pelados,
y yo les pregunté por Manuelita,
pero ellos no sabían,

with ferocious majesty —
queens from a realm
of subterranean copper—
the day was enshrouded in clouds,
the day was weary,
the day was a lost traveler
on foot, on a road
of dust and bewilderment.

I stopped the boy, the man,

the old man—

they did not know where

Manuela had perished,

or where her home once existed,

or where the powder of her bones

now rested.

Above, the burnished hills traveled,
dry as camels,
on a motionless journey,
on a trip with the dead,
and because water
is movement,
the spring runs without rest,
the river grows and sings.
There the hard mountains
walked with time;
the ages, the quiescent travels
of plush hills.
I asked them about Manuelita,
but they did not know,

no sabían el nombre de las flores.

Al mar le preguntamos,
al viejo océano.
El mar peruano
abrió en la espuma viejos ojos incas
y habló la desdentada boca de la turquesa.

III

EL MAR Y
MANUELITA
Aquí me llevó ella, la barquera,
la embarcadora de Colán, la brava.
Me navegó la bella, la recuerdo,
la sirena de los fusiles,
la viuda de las redes,
la pequeña criolla traficante
de miel, palomas, piñas y pistolas.
Durmió entre las barricas,
amarrada a la pólvora insurgente,
a los pescados que recién alzaban
sobre la barca sus escalofríos,
al oro de los más fugaces días,
al fosfórico sueño de la rada.
Sí, recuerdo su piel de nardo negro,
sus ojos duros, sus férreas manos breves,

recuerdo a la perdida comandante
y aquí vivió
sobre estas mismas olas,
pero no sé dónde se fue,

no sé

dónde dejó al amor su último beso,

ni dónde la alcanzó la última ola.

they did not remember the names of flowers.

We asked the sea,
the ancient ocean.
In the foam of breaking waves,
the Peruvian sea opened old Incan eyes,
and the toothless turquoise mouth
began to speak.

III

THE SEA   She brought me here, the womanly sailor,
AND   Colan's shipper, the brave one.
MANUELITA   The ravishing lady guided me, I remember her,
a siren of rifles,
a widow of nets,
a little Creole merchant
of honey, doves, pineapples, and pistols.
She slept among the casks,
familiar with the insurgent gunpowder,
with the fish just caught
shivering on the ship,
with the gold of the most fugitive days,
with the phosphorescent dream of earth for an anchor.
Yes, I recall her dark tuberose skin,
her turbulent eyes, her short hands like iron.

I remember the lost commander;
she lived here
gliding over these same waves,
but I don't know where she vanished.

I don't know

where she left her last kiss for love,

or where the last wave reached her.

IV

No, pero en mar no yace la terrestre,
no hay Manuela sin rumbo, sin estrella,
sin barca, sola entre las tempestades.
Su corazón era de pan y entonces
se convirtió en harina y en arena,
se extendió por los montes abrasados:
por espacio cambió su soledad.
Y aquí no está y está la solitaria.

No descansa su mano, no es posible
encontrar sus anillos ni sus senos,
ni su boca que el rayo
navegó con su largo látigo de azahares.
No encontrará el viajero
a la dormida
de Paita en esta cripta, ni rodeada
por lanzas carcomidas, por inútil
mármol en el huraño cementerio
que contra polvo y mar guarda sus muertos,
en este promontorio, no,
no hay tumba para Manuelita,
no hay entierro para la flor,
no hay túmulo para la extendida,
no está su nombre en la madera,
ni en la piedra feroz del templo.

Ella se fue, diseminada,
entre las duras cordilleras
y perdió entre sal y peñascos
los más tristes ojos del mundo,
y sus trenzas se convertieron
en agua, en ríos del Perú,
y sus besos se adelgazaron
en el aire de las colinas,

IV

WE WILL No, the earthy woman does not rest at sea.
NOT FIND Manuela doesn't exist without a pathway, without a star,
HER without a ship, only among the tempests.
Her heart was bread, and then it became
flour and sand.
It spread through the burning hills,
her silence, transformed through space.
The solitary woman is not here—
but she is here.

Her hand doesn't rest; it is not possible
to find her rings or her bosom,
or her mouth which the ray guided
with its long whip of lemon blossoms.
The traveler will not find
Paita's sleeping lady
in this crypt—not surrounded by
wormy lances, by useless marble
in the intractable graveyard
which protects its dead against
dust and the sea.
In this promontory, there is
no tomb for Manuelita.
There is no burial for the flower.
There is no sepulcher for the scattered beauty.
Her name is not preserved in wood
or on the brutal temple stone.

She went away. Her essence spread
out among the hard cordilleras,
and she was lost amid salt and boulders,
the saddest eyes of the world.
Her braids became water
in Peruvian rivers,
and her kisses thinned out
in the mountain air.

y aquí está la tierra y los sueños
y las crepitantes banderas
y ella está aquí, pero ya nadie
puede reunir su belleza.

V

FALTA EL
AMANTE
Amante, para qué decir tu nombre?
Sólo ella en estos montes
permanece.
Él es sólo silencio,
es brusca soledad que continúa.

Amor y tierra establecieron
la solar amalgama,
y hasta este sol, el último,
el sol mortuorio
busca
la integridad de la que fue la luz.
Busca
y su rayo
a veces
moribundo
corta buscando, corta como espada,
se clava en las arenas,
y hace falta la mano del Amante
en la desgarradora empuñadura.

Hace falta tu nombre,
Amante muerto,
pero el silencio sabe que tu nombre
se fue a caballo por la sierra,
se fue a caballo con el viento.

Here, we find the earth, the dreams,
the quivering flags,
and she is here—but it's too late
for anyone to piece together her beauty.

V

THE ABSENT   Lover, why speak your name?
LOVER   In these mountains
   only she lingers.
   She embodies only silence,
   rough, enduring solitude.

Love and earth established
the solar amalgam,
this last sun,
the mortuary sun
searches for the integrity
of her lost light.
It searches
and its ray,
sometimes flickering near death,
slices while searching, cuts like a sword
and halts in the sand.
The lover's hand is not there.
It does not stroke the shattered hilt.

Your name is absent,
Dead Lover,
but the silence knows that your name
vanished on horseback through the sierra,
vanished on horseback in the wind.

VI

RETRATO Quién vivió? Quién vivía? Quién amaba?

Malditas telarañas españolas!

En la noche la hoguera de ojos ecuatoriales,
tu corazón ardiendo en el vasto vacío:
así se confundió tu boca con la aurora,

Manuela, brasa y agua, columna que sostuvo
no una techumbre vaga sino una loca estrella.

Hasta hoy respiramos aquel amor herido,
aquella puñalada del sol en la distancia.

VII

EN VANO TE No, *nadie reunirá tu firme forma,*
BUSCAMOS *ni resuscitará tu arena ardiente,*
no volverá tu boca a abrir su doble pétalo,
ni se hinchará en tus senos la blanca vestidura.

La soledad dispuso sal, silencio, sargazo,
y tu silueta fue comida por la arena,
se perdió en el espacio tu silvestre cintura,
sola, sin el contacto del jinete imperioso
que galopó en el fuego hasta muerte.

VIII

MANUELA Aquí en las desoladas colinas no reposas,
MATERIAL no escogiste el inmóvil universo del polvo.
Pero no eres espectro del alma en el vacío.
Tu recuerdo es materia, carne, fuego, naranja.

VI

PORTRAIT   Who lived? Who was living? Who was loving?

Damn Spanish spider webs!

During the night, the blaze of equatorial eyes,
your heart burning in the vast emptiness,
and so your mouth was mistaken for the dawn.

Manuela, radiant coal and water, column
of sustenance, not a restless ceiling, but rather a wild star.

Today, we still inhale that wounded love,
the dagger of sun in the distance.*

VII

IN VAIN WE   No. *No one will reunite your firm body.*
SEARCH FOR   *No one will resuscitate your feverish sands.*
YOU   *Never again will your mouth open its double petals.*
White garments will not swell above your breasts.

Loneliness commanded salt, silence, gulfweeds,
and your silhouette was devoured by the sand.
Your wild waist was lost in the distance,
alone, without contact with the imperious horseman,
galloping through the flames until death.

VIII

MATERIAL   You don't just rest here in the desolate hills.
MANUELA   You didn't choose the still universe of dust.
You aren't a soul's projection in the void.
Your memory is material, flesh, fire, oranges.

No asustarán tus pasos el salón del silencio,
a medianoche, ni volveras con la luna,
no entrarás transparente, sin cuerpo y sin rumor,
no buscarán tus manos la cítara dormida.

No arrastrarás de torre en torre un nimbo verde
como de abandonados y muertos azahares
y no tintinearán de noche tus tobillos:
te desencadenó sólo la muerte.

No, ni espectro, ni sombra, ni luna sobre el frío,
ni llanto, ni lamento, ni huyente vestidura,
sino aquel cuerpo, el mismo que se enlazó al amor,
aquellos ojos que desgranaron la tierra.

Las piernas que anidaron el imperioso fuego
del Húsar del errante Capitán del camino,
las piernas que subieron a caballo en la selva
y bajaron volando la escala de alabastro.

Los brazos que abrazaron, sus dedos, sus mejillas,
sus senos (dos morenos mitades de magnolia),
el ave de su pelo (dos grandes alas negras),
sus caderas redondas de pan ecuatoriano.

Así tal vez desnuda, paseas con el viento
que sigue siendo ahora tu tempestuoso amante.
Así existes ahora como entonces: materia,
verdad, vida imposible de traducir a muerte.

IX

EL JUEGO Tu pequeña mano morena,
tus delgados pies españoles,
tus caderas claras de cántaro,
tus venas por donde corrían
viejos ríos de fuego verde:

Your footsteps won't startle the silent hall.
At midnight, you won't return with the moon.
You won't enter, transparent, without a whisper.
Your hands won't seek out the dreaming zither.

You won't transport a green halo from tower to tower
like orange blossoms, extinguished and abandoned.
Your ankles won't stir crystalline melodies at night.
Only death unchained you.

No, not a ghost, shadow, moon above the iciness,
not tears, not lamentation, not a fugue of fluttering garments,
but rather than body, that body wrapped in love,
those eyes sundering the earth.

The legs nestling the hussar's urgent fire,
that wandering road captain, the legs
mounting a horse in the lush forest,
descending in flight the alabaster ladder.

The embracing arms, the fingers, the cheeks,
the breasts (two dark hemispheres of magnolia),
the bird of her long hair (two great black wings),
her round hips of equatorial bread.

So perhaps naked, you travel with the wind
and it continues being your stormy lover.
And so you exist now as before: as matter
and truth: you are life,
never to be lost in death's translation.

IX

THE Your small dark hand,
GAME your slim Spanish feet,
your clear hips of plenty—
ancient rivers of green fire traveled
through your veins:

todo lo pusiste en la mesa
como un tesoro quemante:
como de abandonados y muertos azahares,
en la baraja del incendio:
en el juego de vida o muerte.

X

ADIVINANZA   Quién *está besándola ahora?*
No es ella. No es él No son ellos.
Es el viento con la bandera.

XI

EPITAFIO   Ésta fue la mujer herida:
en la noche de los caminos
tuvo por sueño una victoria,
tuvo por abrazo el dolor.
Tuvo por amante una espada.

XII

ELLA   Tú fuiste la libertad,
libertadora enamorada.

Entregaste dones y dudas,
idolatrada irrespetuosa.

Se asustaba el búho en la sombra
cuando pasó tu cabellera.

Y quedaron las tejas claras,
se iluminaron los paraguas.

and you put everything on the table
like a flaming treasure,
like dead orange blossoms of abandonment
in the blazing cards:
in the game of life or extinction.

X

RIDDLE   Who *is kissing her now?*
It is not he. It is not she.
They are not themselves.
It is the wind bearing a flag.

XI

EPITAPH   This was the wounded lover:
during the night, woven with pathways,
she dreamed of victory,
she embraced the grief.
Her lover was a sword.

XII

SHE   You were freedom,
a liberator in love.

You handed over gifts and debts,
an idol, challenging respect.

The shadowy owl became frightened
when your rich hair grazed the darkness.

And housetops remained clear;
umbrellas shimmered.

Las casas cambiaron de ropa.
El invierno fue transparente.

Es Manuelita que cruzó
las calles cansadas de Lima,
la noche de Bogotá,
la oscuridad de Guayaquil,
el traje negro de Caracas.

Y desde entonces es de día.

XIII

INTERROGACIONES Por qué? *Por qué no regresaste?*
Oh amante sin fin, coronada
no sólo por los azahares,
no sólo por el gran amor,
no sólo por la luz amarilla
y seda roja en el estrado,
no sólo por camas profundas
de sábanas y madreselvas,
sino también
oh coronada,
por nuestra sangre y nuestra guerra.

XIV

DE TODO Ahora quedémonos solos.
EL SILENCIO Solos, con la orgullosa.
Solos con la que se vistió
con un relámpago morado.
Con la emperatriz tricolor.
Con la enredadera de Quito.

De todo el silencio del mundo
ella escogió este triste estuario,

The houses changed their clothing.
Winter was transparent.

It was Manuela crossing
the tired streets of Lima,
Bogota's night,
Guayaquil's darkness,
the black suit of Caracas.

And since then, daytime has prevailed.

XIII

QUESTIONS   Why? *Why didn't you return?*
Oh infinite lover, a woman crowned
not only with lemon flowers,
not only with immense love,
not only with yellow brilliance
and crimson silks on the dais,
not only with sheets and honeysuckle
in deep beds,
but also
you were a woman crowned
with our blood and our war.

XIV

OF ALL   Now let's be alone.
SILENCE   Alone with the proud woman.
Alone with the woman who dressed herself
in purple lightning.
With the empress of three colors.
With Quito's whirling vine.

Of all the silence in the world,
she chose this sad inlet,

el agua pálida de Paita.

XV

QUIEN SABE   De aquella gloria no, no puedo hablarte.
Hoy no quiero sino la rosa
perdida, perdida en la arena.
Quiero compartir el olvido.

Quiero ver los largos minutos
replegados como banderas,
escondidos en el silencio.

A la escondida quiero ver.

Quiero saber.

XVI

EXILIOS   Hay exilios que muerden y otros
son como el fuego que consume.
Hay dolores de patria muerta
que van subiendo desde abajo,
desde los pies y las raíces
y de pronto el hombre se ahoga,
ya no conoce las espigas,
ya se terminó la guitarra,
ya no hay aire para esa boca,
ya no puede vivir sin tierra
y entonces se cae de bruces,
no en la tierra, sino en la muerte.

Conocí el exilio del canto,
y ése sí tiene medicina,
porque se desangra en el canto,
la sangre sale y se hace canto.

Paita's pale waters.

XV

WHO KNOWS I cannot speak to you about that brilliance.
Today I only want to find the lost
rose, hidden in the sand.
I want to share the oblivion.

I want to see the long minutes
displayed like flags,
hidden in the silence.

I want to behold the concealed lover.

I want to know.

XVI

EXILES There are biting exiles;
others are like hungry fire.
There are pains of the extinct homeland
rising from below,
from feet and roots—
and man quickly drowns.
He no longer recognizes the thorns.
The guitar no longer makes music.
Air no longer exists for that mouth.
He can no longer live without earth,
and then he falls headlong,
not onto Earth, but into death.

I knew the exile of song,
and that one, yes, holds an elixir,
because one bleeds into the song.
The blood escapes and becomes music.

Y aquel que perdió madre y padre,
que perdió también a sus hijos,
perdió la puerta de su casa,
no tiene nada, ni bandera,
ése también anda rodando
y a su dolor le pongo nombre
y lo guardo en mi caja oscura.

Y el exilio del que combate
hasta en el sueño, mientras come,
mientras no duerme ni come,
mientras anda y cuando no anda,
y no es el dolor exiliado
sino la mano que golpea
hasta que las piedras del muro
escuchen y caigan y entonces
sucede sangre y esto pasa:
así es la victoria del hombre.

NO   Pero no comprendo este exilio.
COMPRENDO   Este triste orgullo, Manuela.

XVII

LA SOLEDAD   Quiero andar contigo y saber,
saber por qué y andar adentro
del corazón diseminado,
preguntar al polvo perdido,
al jazmín huraño y disperso.

Por qué? Por qué esta tierra miserable?

Por qué esta luz desamparada?

Por qué esta sombra sin estrellas?

Por qué Paita para la muerte?

And the one who lost mother and father,
the one who also lost his children,
the one who lost the door to his house—
he has nothing—not even a flag.
That man travels like a nomad.
I give a name to his pain
and keep it in my dark box.

And the exile he battles,
even in dreams, and while he eats,
while he neither eats nor sleeps,
while he walks and when he doesn't walk—
it is not the exiled pain,
but rather the hand which strikes
until the stones of the wall
listen and fall—and then
there is bloodshed; this happens:
such is man's victory.

I DON'T
UNDERSTAND   But I don't understand this exile.
This bitter honor, Manuela.

XVII

THE
LONELINESS   I want to walk with you and know,
know the reasons why; I want to walk
inside of your shattered heart,
to ask the lost dust,
the shy, dispersed jasmine.

Why? Why this miserable dirt?

Why this forsaken light?

Why this shadow without stars?

Why doom in Paita?

XVIII

LA FLOR   Ay, amor, corazón de arena!

Ay sepultada en plena vida,

yacente sin sepultura,

niña infernal de los recuerdos,

ángela color de espada.

Oh inquebrantable victoriosa

de guerra y sol, de cruel rocío.

Oh suprema flor empuñada

por la ternura y la dureza.

Oh puma de dedos celestes,

oh palmera color de sangre,

dime por qué quedaron todos mudos
los labios que el fuego besó,
por qué las manos que tocaron
el poderío del diamante,
las cuerdas del violín del viento,
la cimitarra de Dios,
se sellaron en la costa oscura,
y aquellos ojos que abrieron
y cerraron todo el fulgor
aquí se quedaron mirando
como iba y venía la ola
como iba y venía el olvido
y cómo el tiempo no volvía:
sólo soledad sin salida

XVIII

THE FLOWER Oh love, heart of sand!

Oh woman, buried in life's full flower,

resting without a tomb,

hellfiery little girl in memories,

sword-tinted angel.

Oh invincible victor

of war and sun and cruel dew.

Oh supreme flower seized

by tenderness and austerity.

Oh puma, gifted sky-blue claws,

oh bloody palm tree,

tell me why the lips that kissed fire
remained mute,
and the hands that caressed
the diamond's secret powers,
the strings of the wind's violin,
God's scimitar—
drew near the dark coast.
And those eyes, opening and closing
in all brilliance,
remained here, staring
at the way the waves came and went,
at how oblivion came and went,
and at how time did not return:
only loneliness without a way out,

y estas rocas de alma terrible
manchadas por los alcatraces.

Ay, compañera, no comprendo!

XIX

ADIOS *Adiós, bajo la niebla tu lenta barca cruza:*
es transparente como una radiografía,
es muda entre las sombras de la sombra:
va sola, sube sola, sin rumbo y sin barquera.

Adiós Manuela Sáenz, contrabandista pura,
guerrillera, tal vez tu amor ha indemnizado
la seca soledad y la noche vacía.
Tu amor diseminó su ceniza silvestre.

Libertadora, tú que no tienes tumba,
recibe una corona desangrada en tus huesos,
recibe un nuevo beso de amor sobre el olvido,
adiós, adiós, adiós, Julieta huracanada.

Vuelve a la proa eléctrica de tu nave pesquera,
dirige sobre el mar la red y los fusiles,
y que tu cabellera se junte con tus ojos,
tu corazón remonte las aguas de la muerte,
y se vea otra vez partiendo la marea,
la nave, conducida por tu amor valeroso.

XX

LA En la tumba o mar o tierra, batallón o ventana,
RESURRECTA devuélvenos el rayo de tu infiel hermosura.
Llama a tu cuerpo,busca tu forma desgranada

and these rocks with terrible soul,
smeared by pelicans.

Oh comrade lady, I don't understand!

XIX

GOOD-BYE Good-bye. *Beneath the fog, your slow boat cruises,*
transparent as an x-ray.
It is mute surrounded by the shadows of shadows.
It goes alone, rises alone, without a route or ferryman.

Good-bye Manuela Saenz, pure smuggler,
guerilla. Perhaps your love has compensated
the parched loneliness and the empty night.
Your love scattered its wild ashes.

Liberator, you have no tomb.
Take this crown made bloody with your bones.
Receive a kiss of love over the oblivion.
Good-bye, good-bye Juliet of storms.

Return to the electric prow of your fishing boat.
Aim the net and gun over the sea.
Let your long hair come together with your eyes.
May your heart terrify the waters of death.
May you be witnessed again, parting tides,
the ship, propelled by your intrepid love.

XX

THE In the tomb or sea or earth, battalion or window,
RESURRECTED let us return to the ray of your unfaithful beauty.
WOMAN Call your body, seek your broken form.

y vuelve a ser la estatua conducida en la proa.

(Y el Amante en su cripta temblará como un río.)

XXI

INVOCACION   Adiós, adiós, adiós, insepulta bravía,
rosa roja, rosal hasta en la muerte errante,
adiós, forma callada por el polvo de Paita,
corola destrozada por la arena y el viento.

Aquí te invoco para que vuelvas a ser una
antigua muerta, rosa todavía radiante,
y que lo que de ti sobreviva se junte
hasta que tengan nombre tus huesos adorados.

El Amante en su sueño sentirá que lo llaman:
alguien, por fin aquella, la perdida, se acerca
y en una sola barca viajará la barquera
otra vez, con el sueño y el Amante soñando,
los dos, ahora reunidos en la verdad desnuda:
cruel ceniza de un rayo que no enterró la muerte,
ni devoró la sal, ni consumió la arena.

XXII

YA NOS   Paita, sobre la costa
VAMOS   muelles podridos,
DE PAITA   escaleras
rotas,
los alcatraces tristes
fatigados,
sentados
en la madera muerta,
los fardos de algodón,
los cajones de Piura.

Once again be the guiding statue on the ship's prow.

(And the lover in his tomb will tremble like a river.)

XXI

INVOCATION   Good-bye. Good-bye. Good-bye. Ferocious unburied woman,
wounded rose, rose tree even in errant death.
Good-bye, body penetrated by Paita's dust,
flower-head demolished by the sand and gales.

Here I invoke you so that you return to become
a flickering ancient, a rose still radiant.
May whatever survives of you unite
until your adored bones are named.

The Lover in his dream will sense the call.
Someone, at last, she, the lost one approaches.
The sailor lady will voyage in a singular ship
again with the dream and the dreaming Lover,
the two now reunited in the nakedness of the truth;
cruel ashes of a ray that did not bury death,
or devour the salt, or swallow the dunes.

XXII

NOW WE ARE   Paita, over the coast,
LEAVING   rotten wharves,
PAITA   shattered
                staircases,
                the gloomy pelicans,
                exhausted,
                sitting
                on dead wood,
                the cotton bales,
                the vendors' booths at Piura.

Soñolienta y vacía,
Paita se mueve
al ritmo
de las pequeñas olas de la rada
contra el muro calcáreo.

Parece
que aquí
alguna ausencia inmensa sacudió y quebrantó
los techos y las calles.
Casas vacías, paredones
rotos,
alguna buganvilla
echa en la luz el chorro
de su sangre morada,
y lo demás es tierra,
el abandono seco
del desierto.

Y ya se fue el navío
a sus distancias.

Paita quedó dormida
en sus arenas.

Manuelita insepulta,
desgranada
en las atroces, duras
soledades.

Regresaron las barcas, descargaron
a pleno sol negras mercaderías.

Las grandes aves calvas
se sostienen
inmóviles
sobre
piedras quemantes.

Full of dreams and empty,
Paita moves
to the rhythm
of the small waves of the ocean's road,
against the calcified wall.

It seems
that here
some huge absence shook and demolished
the rooftops and the streets.
Empty houses, dense
broken walls,
a bougainvillea shoots up
into the light: a jet of
purple blood,
the desert's dry abandon.

The ship has long
cut its path into the distance.

Paita remained asleep
in the sand.

Unburied Manuela,
shattered,
in the atrocities, harsh
loneliness.

The ships returned. In full sunlight,
they unloaded black merchandise.

Great bald birds
remain
still
over
burning stones.

Se va el navío. Ya
no tiene ya más
nombre la tierra.

Entre los dos azules
del cielo y del océano
una línea de arena,
seca, sola, sombría.

Luego cae la noche.

Y nave y costa y mar
y tierra y canto
navegan el olvido.

The ship leaves.
The Earth no longer
has a name.

Between the twin blueness
of the sky and the ocean,
there exists a sandy line.
It is dry, lonely, the product of shadows.

Then night caves in.

And the ship and coast and sea
and land and song
set a course for oblivion.

EL GRAN VERANO

I

El verano es ahora más ancho que mi patria.
Hace mil años ya, cuando en Carahue
abrí las manos, extendí la frente,
y el mar, el mar abría su caballo,
entonces el verano era una espiga,
duraba apenas un amor terrible,
duraba sólo el temblor de una uva.

Y ahora que vuelvo al viejo sol que roe
las piedras de la costa, ahora que vuelvo
al estandarte de oro desatado
y veo el mar nutriendo su blancura,
la órbita de la espuma en movimiento
cuando hacia arriba cae tanto azul
que ya no queda nada sino cielo,

oh amor de aquellos pobres días, soy
aquel que no tocó la dicha
sino mucho más tarde, la campana
que se quedó vacía en el granero
y sólo un viento cruel la hizo temblar,
tarde, una noche de agua y terremoto.

Oh día, espada espléndida! Oh pez puro
que cortas con tu aguda dirección
las tinieblas, la noche, la desdicha,
y abres una naranja en el espacio,
las mitades azules de la aurora.

Entonces gota a gota se hace el cielo
y de espaciosa azúcar la bandera,
todo sube a su mástil amarillo,
y la fruta connvierte su desdén

THE GREAT SUMMER

I

Now summer is more immense than my homeland.
Once, a thousand years ago, in Carahue
I opened my hands, extended my forehead,
and the sea in liquid motion unveiled its horse.
Back then, summer was a thorn.
A terrible love hardly endured.
Only the vibrato of a single grape survived.

And now I return to the old sun
gnawing the coastal foundations: now I return to
the unfurled golden banner.
And I witness the sea nourishing its whiteness,
the orbit of sea foam aswirl,
when from heaven so much blueness is falling,
nothing but relics of azure remain.

Oh love of those poor days,
I am the one who didn't touch bliss
until much later; the bell remained
empty of song in the granary—
only a cruel wind caused it to tremble,
so late, a night of floods and earthquakes.

Oh day, brilliant sword! Oh pure fish
cutting with your sharp direction,
the twilight, the night, the bad luck.
You open an orange in space,
heavenly blue halves of dawn.

Then, drop by drop, the sky is conjured,
and the flag of luxuriant sugar,
everything rises to its sun-golden mast,
and fruits transform their disdain

en letárgico lago de dulzura.
Es un árbol violeta de relojes
el esencial verano y sus racimos,
la arena es su pradera y a su alimento,
tiembla el fulgor recóndito del vino
y los decapitados cereales
se duermen en el pan de la cosecha.

Ancho, iracundo es tu vestido ahora,
hasta lejos del mar tiendes la raya
del élitro reverberante
y es arenosa tu soberanía
hasta que tu volumen gota a gota
se desploma en las venas de la vida.

II

Salud, honor del pórfido, lección
de la manzana,
dirección cristalina
del gran verano atado a su cristal.
Todo llegó a ser término, quilate,
verdad dispuesta a abrirse y terminarse,
todo es lámina pura o es cereza,
y así son los minutos de la estatua
que caerá estallando de rubíes,
y el mundo es una piedra
cuya cortada claridad madura
hasta que todo cae
y vuelve a ser de nuevo semilla.

III

No tengo ya raíces,
he volado
de oro en oro,

into a languid lake of sweetness.
It is a violet tree of clocks,
the essential summer and its branches,
sand is meadow and sustenance.
Wine's hidden passion trembles.
Decapitated cereals sleep
in the harvest bread.

Now your dress puffs full with fury.
Far off, into the sea, you cast the ray
of reverberating wings.
Your kingdom is sandy,
until, drop by drop, your plain volume
plumps the veins of life with abundance.

II

Health, jasper's honor, the
apple's lesson,
the clear address
of Great Summer tethered to its crystal.
Everything has ended, an ancient coin,
truth ripening to split open and finish—
everything, pure shine or a cherry,
and so go the minutes carved in stone,
falling in ruby explosions.
The world is a stone,
its cut clarity ripens
until everything crashes
and becomes a seed, again.

III

I no longer have roots.
I've flown from
gold to gold,

de pluma a polen
sin saber volar;
con alas espaciosas
lentas
sobre
la impaciencia

de los que aquí o allá
cortaban algo:
maderas, trigo, hielo,
y vi el verano entero
redondo, oscuro, rojo
como un higo,
vi el verano
correr o navegar
como una flecha,
examiné los hilos
del verano,
su líquida
ambrosía,
sus tenaces
sustentos,
el pabellón del día
y lo que resbalaba
de su piel transparente.
Recorrí
tiendas
de aguas
recién
abiertas en la agricultura,
mercaderías
puras
de montaña,
espléndidas abejas
y aún no he regresado
del verano
del viaje entre las algas y la menta

from feather to pollen,
without knowing how to soar,
with slow
huge wings
over
the impatience

of those who over there or beyond
were chopping something:
wood, wheat, ice.
I beheld the whole of summer,
round, dark, red
like a fig.
I witnessed summer
on the run—or mapping the air
like an arrow.
I explored summer's
floss,
its liquored
ambrosia,
its tenacious
rapture,
daytime's pavilion showered in brilliance,
essence slipping
from its clear skin.
I journeyed
through shops
of water
newly opened for farming,
the mountain's
innocent
reserves,
the splendor of bees.
And I still haven't returned
from summer,
a journey among algae and peppermint,

al corazón
mayor
de la sandía,
a la piel de las piernas, a la luz
de los cuerpos incitantes.
Aún voy por el verano
como un pez por el río,
no termina,
da vueltas,
cambia de tierra a luna,
cambia de sol,
de agua,
va mi razón nadando en el verano
sin ropa en la frescura
y no termina,
sigue,
da vueltas a la tierra
el anillo de oro
del verano,
ciñe la tierra, ciñe tu cintura,
ciñe tu sangre
y sigue,
no termina
el verano redondo,
el río puro,
la transparente
sortija del sol
y de la tierra.

IV

Todo un día dorado
y luminoso como
una cebolla,
un día
del que cuelga el verano,
su tórrida bandera

to the watermelon's
ripe
heart,
to the nakedness of legs, to the sparkle
of awakened bodies.
I still travel through summer
like a fish through a river.
It doesn't end,
it ventures back again,
changing from earth to moon,
changing from sun
from water.
And my reason goes swimming in summer,
naked in the cool, pacific air,
and it doesn't end,
it lives again,
the disk of summer
embraces the Earth, embraces your waist,
embraces your blood
and survives,
the pure river,
the transparent ring
of the sun
and our planet.

IV

The entire day, golden
and beaming like
an onion,
summer hangs
its tropical flag
from this day—

donde
se pierde
cuando
la noche
lo aplastó cómo a una uva
y nocturno es el vino
de la sombra,
la copa de la noche se ha llenado
de sal que brilla en el cielo
y vino negro.
Dónde está el día que debe volver?
Dónde murió el navío?
Pero volvamos al número,
atemos el diamante.
En el centro del agua
como un escalofrío
se desliza
y verde es el susurro del verano
que huye de las ciudades
hacia la selva verde
y se detiene
de pronto en la arena,
tiene manos de eclipse,
cola de oro,
y sigue
hasta que el gran suspìro
de la noche lo enrolla
en su bodega:
es un tapiz
eléctrico
dormido
por un año de noches,
por un siglo
de relojes oscuros,
y cae cada día el día

where
it is lost
when
night
crushes
it like a grape.
And the shadow's wine
is nocturnal.
Night's cup
has filled up
with salt, glittering the sky—
and jet-black wine.
Where is the day destined to return?
Where did the ship perish?
But let's return the number,
let's tie the diamond.
Water's core slides
into coolness,
summer's whispers is green.
It escapes the cities,
destined for leafy forests,
and with sudden fever, halts
in the sand.
It has hands of an eclipse,
a honeyed tail;
it abides until
night's great sigh
rolls it into a deep wine cellar,
an
electric
carpet
sleeping
for a year of nights,
a century
of somber clocks,
and every day,
the summer day

del verano
en la noche abierta
y mana sangre clara
de sandía,
resucita cantando
en lengua loca
hasta que se adelgaza
y gota a gota
se llena de agujeros,
de lentas nieblas con patas de musgo,
de tardes vaporosas como vacas mojadas,
de cilindros que llenan la tierra de amarillo,
de una congoja como si alguien fuera a nacer.
Es antiguo otoño cargado con su saco
que antes de entrar golpea la puerta y entra el humo.

plunges into
the wide night.
It sheds
pure, clear
watermelon blood,
and comes to life
singing with a wild tongue.
Drop by drop,
it thins out,
fills up with holes,
and slow fog with mossy feet,
with sultry afternoons—like wet cows,
with cylinders—and the earth is overcome with a tawniness,
with anxiety, as if a newborn were arriving.
It is old autumn, wearing a fat coat.
Before he knocks at the door, smoke arrives.

TORO

I

Entre las aguas del norte y las del sur
España estaba seca,
sedienta, devorada, tensa como un tambor,
seca como la luna estaba España
y había que regar pronto antes de que ardiera,
ya todo era amarillo,
de un amarillo viejo y pisoteado,
ya todo era de tierra,
ni siquiera los ojos sin lágrimas lloraban
(ya llegará el tiempo del llanto)
desde la eternidad ni una gota de tiempo,
ya iban mil años sin lluvia,
la tierra se agrietaba
y allí en las grietas los muertos:
un muerto en cada grieta
y no llovía,
pero no llovía.

II

Entonces el toro fue sacrificado.
De pronto salió una luz roja
como el cuchillo del asesino
y esa luz se extendió desde Alicante,
se encarnizó en Somosierra.
Las cúpulas parecían geranios.
Todo el mundo miraba hacia arriba.
Qué pasa?, preguntaban.
Y en medio del temor
entre susurro y silencio
alguien que lo sabía
dijo: "Esa es la luz del toro".

THE BULL

I

Between northern and southern seas,
Spain was dry,
thirsty, devoured, tense as a drum.
Spain was dry as the moon,
and water was needed to end the burning.
Everything withered, sick and yellow
exhausted and brown.
Everything withered and became dirt—
even eyes would not give up their tears
(the time for weeping will come),
from eternity not a drop of time fell,
a thousand rainless years transpired,
the earth cracked,
the dead lay in fissures:
and it did not rain—
it did not rain.

II

And then the bull was sacrificed.
A red light broke free,
swift, like the assassins knife;
this shine extended from Alicante,
and was made flesh in Somosierra.
The domes shone like geraniums.
Everyone stared at the sky.
"What is this?" they asked.
And in the middle of the fear,
between whispers and silence,
someone who knew answered:
"That is the bull's light."

III

Vistieron a un labriego pálido
de azul con fuego, con ceniza de ámbar,
con lenguas de plata, con nube y bermellón,
con ojos de esmeralda y colas de zafiro
y avanzó el pálido ser contra la ira,
y avanzó el pobre vestido de rico para matar,
vestido de relámpago para morir.

IV

Entonces cayó la primera gota de sangre y floreció
la tierra recibió sangre y la fue consumiendo
como una terrible bestia escondida que no puede saciarse,
no quiso tomar agua,
cambió de nombre su sed,
y todo se tiñó de rojo,
las catedrales se incendiaron,
en Góngora temblaban los rubíes,
en la Plaza de toros roja como un clavel
se repetía en silencio y furia el rito,
y luego la gota corría boca abajo
hacia los manantiales de la sangre,
y así fue y así fue la ceremonia,
el hombre pálido, la sombra arrolladora
de la bestia y el juego
entre la muerte y la vida bajo el día sangriento.

V

Fue escogido entre todos el compacto,
la pureza rizada por olas de frescura,
la pureza bestial, el toro verde,

III

They dressed a pale worker
in blue fire, in amber ashes,
in silvery tongues, in clouds and vermilion,
in emerald eyes, in sapphire tails,
and the pale man advanced against the fury,
the poor man, so richly dressed,
advanced for the killing.
He came adorned in lightning—to die.

IV

Then the first drop of blood fell and flowered.
Like a terrible unknown beast, incapable of satiation,
the earth received blood and consumed it.
It did not crave water.
It changed the name of its thirst.
And everything was bathed in scarlet.
The cathedrals heaved with walls of fire.
Rubies trembled in Gongora.
The plaza of bulls flowed with carnation-blood.
The rite was repeated in furious silence,
and the drops flowed, face down,
toward bloody founts.
And so it happened—the ceremony endured:
the pale man, the sweeping shadow
of the beast and the game
between death and existence,
below the wounded day.

V

The compact was chosen among all,
purity rippled by fresh waves,
bestial purity, the green bull,

acostumbrado al áspero rocío,
lo designó la luna en la manada,
como se escoge un lento cacique fue escogido.
Aquí está, montañoso, caudal, y su mirada
bajo la media luna de los cuernos agudos
no sabe, no comprende si este nuevo silencio
que lo cubre es un manto genital de delicias
o sombra eterna, boca de la catástrofe.
Hasta que al fin se abre la luz como una puerta,
entra un fulgor más duro que el dolor,
un nuevo ruido como sacos de piedras que rodaran
y en la plaza infinita de ojos sacerdotales
un condenado a muerte que viste en esta cita
su propio escalofrío de turquesa,
un traje de arco iris y una pequeña espada.

VI

Una pequeña espada con su traje,
una pequeña muerte con su hombre,
en pleno circo, bajo la naranja implacable
del sol, frente a los ojos que no miran,
en la arena, perdido como un recién nacido,
preparando su largo baile, su geometría.
Luego como la sombra y como el mar
se desatan los pasos iracundos del toro
(ya sabe, ya no es sino su fuerza)
y el pálido muñeco se convierte en razón,
la inteligencia busca bajo su vestidura
de oro cómo danzar, cómo herir.

Debe danzar muriendo el soldado de seda.

Y cuando escapa es invitado al Palacio.

El levanta una copa recordando su espada.

at home with the lush, rough dew,
the moon designed his place in the herd
just as an Indian chief was elected.
Here is the bull: mountainous, opulent.
His face, beneath the sharp-horn of the half moon,
does not know, does not understand
if the new silence covering him is a genital blanket
of ecstasy, or eternal shadow, the catastrophe's jaws,
until, at last, light opens like a door,
and a shine harder than pain enters,
a new sound like stone sacks, rolling,
and in the infinite plaza of priestly eyes,
a man condemned to die,
wears for the meeting,
his own turquoise chill,
a suit of the rainbow—and a small sword.

VI

A small sword with his suit,
a small death with his manhood,
a complete circus, under the sun's
implacable orange, facing the unseeing eyes
in the sand, lost as a newborn,
preparing his long dance, his geometry.
Then like the shadow and like the sea,
the bull's angry hooves are untied.
(The bull already knows; already he is only pure force),
and the pale doll becomes reason,
intelligence is a quest under his golden raiment:
to find the way to dance, the way to wound.

The silken soldier should dance, dying.

But when he escapes, he is invited to the palace.

He raises a cup in remembrance of his sword.

Brilla otra vez la noche del miedo y sus estrellas.

La copa está vacía como el circo en la noche.

Los señores quieren tocar al que agoniza.

VII

Lisa es femenina como una suave almendra,
de carne y hueso y pelo es la estructura,
coral y miel se agrupan en su largo desnudo
y hombre y hambre galopan a devorar la rosa.
Oh flor! La carne sube en una ola,
la blancura desciende su cascada
y en un combate blanco se desarma el jinete
cayendo al fin cubierto de castidad florida.

VIII

El caballo escapado del fuego,
el caballo del humo,
llegó a la Plaza, va como una sombra,
como una sombra espera al toro,
el jinete es un torpe
insecto oscuro,
levanta su aguijón sobre el caballo negro,
luce la lanza negra, ataca
y salta
enredado en la sombra y en la sangre.

Again the night of fear and its stars are glowing.

The cup is empty—like the circus at night.

The men want to touch the one who agonizes.

VII

The feminine one is smooth like a tender almond.
The shape is flesh and bone and hair,
coral and honey gathered in its immense nudity.
And man and hunger gallop to devour the rose.
Oh flower! The flesh rises in a wave,
whiteness cascades.
In white combat, the horseman is disarmed,
finally falling, covered in floral chastity.

VIII

The horse that escaped the fire,
the smoky horse
arrives at the Plaza.
It traveled like a shadow
and awaits the bull.
The horseman is a dark,
clumsy insect.
He raises his thorny spear
above the ebony horse.
The black lance gleams.
He attacks and leaps,
netted in the shadow, in the blood.

IX

De la sombra bestial suena los suaves cuernos
regresando en un sueño vacío al pasto amargo,
sólo una gota penetró en la arena,
una gota de toro, una semilla espesa,
y otra sangre, la sangre del pálido soldado:
un esplendor sin seda atravesó el crepúsculo,
la noche, el frío metálico del alba.

Todo estaba dispuesto. Todo se ha consumido.

Rojas como el incendio son las torres de España.

IX

Soft horns sound from the bestial shadow,
returning an empty dream to a bitter pasture.
Just a drop penetrated the sand,
a drop of the bull's essence, a thick seed,
a different blood, the pale soldier's blood:
a silkless splendor pierced the twilight,
the night, dawn's metallic coldness.

Everything was ready. Everything was devoured.

The towers of Spain are red blazes.

CORDILLERAS

I

Yo venía por el aire desde Copiapó,
desde el Norte del Hemisferio, por el aire,
metido en mis pensamientos como en un guante de mil
  dedos:
sentía el avión trepidar, deslizarse por un túnel vacío,
vacilar de repente dispuesto a detener su energía,
continuar una línear invisible, durmiendo y volando.

Yo venía desde el norte de Chile desierto,
cobre y piedra, silencio, herramientas, motores,
y no miré hacia afuera durante horas de cielo,
miré hacia adentro, hacia mis propios tempestuosos
  transcursos.

II

Era verdad, sin duda, existíamos,
aquel avión, aquella potencia sigilosa,
y las personas envueltas en su red personal,
pasajeros de tantos quehaceres, orejas
que escucharon caer el dinero de Dios,
el dinero divino, y así se amasaron
con apenas espacio para un día morir,
sin tiempo, sin duda, para escuchar
la remota lluvia, el violín del invierno ahogado.

III

De pronto vi la última luz, el estandarte
del día en su naufragio desplomándose
y cielo y luz lucharon contra luna y tinieblas

CORDILLERAS

I

I was traveling by air from Copiapo,
from the northern hemisphere, through the atmosphere,
fixed in my thoughts like a thousand-fingered glove,
I felt the airplane shake and slip through an invisible tunnel,
and vacillate suddenly ready to hold back its power,
to continue an invisible line, sleeping and flying.

I was voyaging from the north, the Chilean wilderness,
copper and stone, silence, tools, motors,
and I didn't look outside during hours with the sky,
I looked inside of myself—my own
stormy journeys.

II

It was true, surely, we existed,
that secret energy,
people tangled in their personal nets,
passengers of so many things-to-do, ears
listening to God's money falling,
the divine money—and so, they arranged things
with hardly the space for a day to die,
without time, without doubt, to heed
the distant rain, the violin of suffocated winter.

III

Suddenly I witnessed the last light—
daytime's banner shipwrecked and spreading out;
sky and light battling moon and twilight

en una encarnizada riña de gallos rojos:
y vi, cerca de mí, junto a mi rostro,
cómo el monte Aconcagua disponía
sobre la soledad de su estatura,
sobre la cantidad desnuda de la nieve,
un sangriento sombrero ceñido por la noche.

IV

Pero bajé los ojos y vi,
vi el cuerpo férreo, el grande río inmóvil
en su cauce, en su día de letárgica piedra,
y era suave la suma de los pechos redondos,
cúpulas trabajadas por la boca del viento,
iglesias sostenidas en la paz del topacio,
naves de arena, formas de materia pura.
Era un recinto seco, sin dioses, sin semanas,
y al mirarlo hacia abajo desde mi vuelo
tuve por fin bajo la nave sólo
el aire del avión, puro, recién nacido,
como burbuja o círculo junto a un pez, en el frío,
y luego no la tierra, no los negros fermentos,
ni otoño, ni verano, ni primavera impura
que se desteje y teje como húmedos amores,
sino la piedra pura del planeta,
y todo allí eran inmensas manos que descansaban
en el duro secreto de la fuerza.
Liso y seco era el gran silencio vasto,
la dignidad de las cordilleras que dormían.

V

Diré, pues, que el color no era de un solo pétalo,
ni de una sola pluma de ave ferruginosa,
ni de sólo una fruta colérica y callada,

crimson roosters in a fleshy quarrel.
And I beheld, close to me, near my face,
how Mt. Aconcagua created a kingdom of order
with the solitude of its stature—
and over all the snowy nakedness:
a bloody sombrero was girded by the night.

IV

But I lowered my eyes and looked,
I witnessed the body of iron, the great still river
in its bed, in its day of drowsy stone,
and the sum of round breasts was soft,
domes crafted by the wind's mouth,
churches sustained in the tranquility of topaz,
ships of sand, pure material forms.
It was a dry courtyard, without gods, without a calendar.
Looking down from my flight
I had, at last, beneath me the ship of solitude,
the airship's sky, pure and newborn,
like a bubble or circle united with a fish in the cold,
and then not earth, not foam,
not autumn, not summer, not lusty springtime
unweaving and weaving like oceanic lovers,
but rather the planet's pure stone.
Everything there made great hands resting
on the hard secret of power.
The great vast silence was smooth and dry,
the dignity of sleeping cordilleras.

V

Well, I'll say, the color
did not come from a single petal,
not from a single feather of an iron bird,
not from a single angry and quiet fruit,

ni de una sola ola de sal y de cristal,
ni sólo de la piel de una bestia celeste:
era más, era todo, era pólvora y uva,
era el volcán del oro y el manantial del oro,
era el color del pan amasado en la luna,
eran los resplandores del cinc y la manzana,
el humo que olvidó llorando la amatista,
el fulgor de la muerte dentro de la esmeralda,
el ataúd morado de la geología.

VI

Era mi patria y estaba desnuda.
La impalpable noche de marzo derramaba
un nuevo mineral ancho como el estaño
y todo comenzó a revivir en el cielo:
todos los minerales del cielo despertaban
mientras mi cordillera cerraba con ceniza
aquel fuego que ardió con todo el universo.
Vi a mi lado las tres piedras de Orión cayendo
como una hoja de trébol en la sombra
y luego cuatro puntas, cuatro diamantes fríos,
cuatro besos de nieve en la distancia,
cuatro copas que ardían en la mesa
del cielo solitario:
era la Cruz del Sur que me llamaba.
Y me dormí viajando en mi destino.

not from a single wave of salt and crystal,
not from the skin of a celestial beast.
It was more, it was everything: fireworks and grapes.
It was the golden volcano and the golden spring.
It was the color of bread kneaded on the moon.
It was the shimmering of zinc and apples,
the forgotten smoke of the weeping amethyst,
death's brilliance within the emerald,
geology's purple coffin.

VI

It was my country, and it was naked.
The impalpable March night spilled
a new mineral, vast as tin,
and everything in the sky stirred to life again:
all the celestial minerals awakened,
while my cordillera, with ashes, quenched
that fire ardent with all the universe.
At my side, I saw Orion's three stones,
falling, like a cloverleaf, in the shadow,
and then four thorns, four cold diamonds,
four snowy kisses in the distance,
four blazing cups on the table
of the solitary sky.
The Southern Cross was calling me.
I fell asleep, voyaging with my destiny.

ELEGIA DE CADIZ

I

El más lejano de los otoños perdidos,
la sensación del frío que toca a cada puerta,
los días en que fui más pequeño que un hombre
y más ancho que un niño, lo que llaman pasado,
pasado, sí, pero pasado de la tierra y del aire,
de las germinaciones, del tiempo moribundo,
todo ha vuelto a envolverme como un solo vestido,
todo ha vuelto a enterrarme en mi luz más antigua.

Otoños, de cada hoja tal vez se levantaron
hilos desconocidos, insectos transparentes,
y se fue construyendo otro árbol invisible,
otra arboleda muerta por tiempos y distancias.
Eso es, eso será tal vez lo que me cubre,
túnica o niebla o traje de oro o muerte,
algo impalpable y lento que conoce mi puerta
está esperando un ser parecido a una hoja:
sin llave y sin secreto tembló la cerradura.

Ahora, otoño, una vez más nos encontramos
una vez más ahora nos despedimos:
buenos días, panal de la miel temblorosa,
adiós, secreto amor de la boca amarilla.

II

Hace treinta y tres años este tren
de la Gare de Lyon a Marsella y luego, luego
más lejos...Será éste el otoño,
el mismo, repetido hoja por hoja?
O está la tierra también disminuida,
gastada y arrugada como un traje
mil veces llevado a la fiesta y más tarde a la muerte?

CADIZ ELEGY

I

The most distant of lost autumns,
a cold sensation touching the door,
those days when I was smaller than a man
and wider than a child; they call it the past,
the past yes, but the past of earth, air,
germinations, moribund time,
everything has returned to enrobe me: a solitary vestment,
everything has returned to bury me in my most ancient illuminations.

Autumns, from each leaf perhaps
unknown threads and transparent insects arose,
and another invisible tree took form,
another grove expired, spanning time and distance.
That's it: perhaps that will cover me,
tunic or fog, suit of gold or doom,
something impalpable and slow, familiar with my door
awaits a leaflike being:
without a key, without a secret, the quivering lock.

Now, autumn, once again we meet,
once again we say good-bye:
good morning, honeycomb atremble with golden nectar,
good-bye, secret love with tawny lips.

II

Thirty-three years ago this train
left the Lyon station for Marseilles, and then, then,
the distance...Could this be the same autumn
repeated leaf by leaf?
Or has the land also grown smaller,
spent and wrinkled like a suit
worn a thousand times to parties and later for death?

Hoy el rojo sobre el verde, las hayas
son los grandes violines verticales de la pradera,
las vacas echadas en el vapor de la media mañana
la tierra
de Francia vestida con sus hojas de fiesta.

Tal vez la tierra sólo gasta sus sombras,
sólo gasta la luz que limpia su vestido,
sólo gasta el invierno que lava sus raíces,
y ella se queda intacta, sonora, fresca, pura,
como antigua medalla que canta todavía,
lisa, dorada, en medio del tiempo que envejece.

El tren corre y separa los recuerdos,
los corta como espada, lo disemina, sube
por las mismas colinas, abre los mismos bosques,
deja atrás, deja atrás no sólo la distancia,
sino lo que yo fui, lo que vivió conmigo:
aquel joven errante que alguna vez sostuvo
la torre del otoño, mientras el tren violaba
como un toro morado la frescura de Francia.

III

Los elegantes barcos cerrados como tumbas
en el pequeño Puerto Viejo…Marsella de mil puntas
como estrella de mar, con ojos encendidos,
alturas amarillas, callejas desdichadas,
el más antiguo viento de Europa sacude
las íntimas banderas de las lavanderías
y un olor de mar desnudo pasea sin pudor
como si Anadiomena crepitara en su espuma
entre el semen, las algas, las colas de pescado
y la voz mercantil de los navíos.

La guerra segregó su vinagre infernal,
su inexplicable cólera contra las callejuelas
y la puerta del mar que nunca conoció

Today red embraces gold, the beech trees
are the meadow's great vertical violins,
cows graze, sent off into the mist of morning's heart,
the French
land adorned, a leafy fiesta.

Maybe the earth only spends its shadows,
only spends light, cleaning its dress,
only spends winter, washing its roots,
and she remains intact, full of harmony, fresh, pure,
like an old medallion forever singing,
smooth, golden-gleam, at the center of aging hours.

The train speeds on and separates memories,
it cuts them like a sword, spreads them out, rises
through the same hills, clears the same forests,
leaving behind, leaving behind not only the horizon,
but also that man I used to be, the essence of my old self:
that nomadic youth who once
sustained autumn's tower, while like a purple bull
the train ravished France's purity.

III

The elegant boats sealed like tombs
in the Old Port, Marseilles, thousand-pointed
like a star fish, with eyes of flame,
yellow hills, wretched alleys,
the oldest wind in Europe shakes through
the intimate flags of laundresses,
and a naked smell of the sea passes by, shamelessly,
as though Anadiomena quivered in the seafoam
amid the semen, the algae, the fishtails,
and the merchant-voices of boats.

War divided it, hellish vinegar,
inexplicable fury touching the alleys,
the sea-door, never recognizing ships

naves que se llamaran "Remordimiento" o "Sangre".
No quiero recordar la rosa dolorosa,
la humillación de sus manos azules:
sigamos nuestro viaje porque sigue la vida
y entonces hoy y ayer y mañana y entonces
el azafrán y el vino preparan el banquete,
relucen los pescados con nupcial aderezo
y los manteles bailan en el aire africano.

IV

Amarrada a la costa como una clara nave,
Cádiz, la pobre y triste rosa de las cenizas,
azul, el mar o el cielo, algunos ojos,
rojo, el hibiscus, el geranio tímido,
y lo demás, paredes roídas, alma muerta.
Puerto de los cerrojos de las rejas cerradas,
de los patios secretos serios como las tumbas,
la miseria manchando como sombra
la dentadura antigua de una ciudad radiante
que tuvo claridad de diamante y espada.
Oh congoja del papel sucio que el viento
enarbola y abate, recorre las calles pisoteado
y luego cae el mar, se consume en las aguas,
último documento, pabellón del olvido,
orgullo del penúltimo español.
La soberbia se fue de los pobres roperos
y ahora una mirada sin más luz que el invierno
sobre los pantalones pulcramente parchados.
Sólo la lotería grita con mentira de oro:
el 8-9-3 el 7-0-1
el esplendor de un número que sube en el silencio
como una enredadera los muros de las ruinas.
De cuando en cuando golpea la calle un palo blanco.
Un ciego y otro ciego. Luego el paño mortuorio
de seis sotanas. Vámonos. Es hora de morir.

named "Remorse" or "Blood."
I don't want to recall the excruciating rose,
the humiliation of their blue hands:
we must continue our journey because life continues,
today and yesterday and tomorrow—
they are preparing a banquet with saffron and wine,
the sea's harvest shines in nuptial garb,
and tablecloths dance in the African air.

IV

Like a clear ship, tied to the coast,
Cadiz, poor, somber rose of ashes,
blue sea and sky, a few red
eyes, the hibiscus, the demure geranium,
and the remains: gnawed walls, soul-death.
Port of locks, closed gates,
secret patios, grim as tombs,
misery like shadows
staining the old teeth of a once radiant city,
long ago gleaming like a sword or diamonds.
Oh misery of filthy paper, tossed high and
battered down by the wind, flowing through
the trampled streets, and falling into the sea
where it is consumed by the waves,
the ultimate document, oblivion's pavilion,
pride of the penultimate Spaniard.
Pomp left the last few poor men of fashion—
and now such a weary sight—winter's brightness
the threadbare charisma of trousers.
Only the lottery shouts a golden lie:
8-9-3, 7-0-1,
splendor of numbers, rising in silence
like vines entangling the walls of ruins
Once in a while, a white cane taps the street.
One blind man and another blind man. Then the mortuary cloth
of six cassocks. Let's go. It's time to die.

V

Desde estas calles, desde estas piedras, desde esta luz
  gastada
salió hacia las Américas un borbotón de sangre,
dolor, amor, desgracia, por este mar
un día,
por esta puerta vino la claridad más verde,
hojas desconocidas, fulgor de frutos, oro
y hoy las cáscaras sucias de patatas mojadas
por la lluvia y el viento juegan en el vacío.
Y qué más? Sí, sobre los dignos rostros pobres,
sobre la antigua estirpe desangrada,
sobre descubrimientos y crueldades,
encima las campanas de aquella misma sombra,
abajo el agujero para los mismos muertos.
Y el Caudillo, el retrato pegado en la pared:
el frío puerco mira la fuerza exterminada.

VI

De tanto ayer mis patrias andan aún apenas.

De tanta dignidad sólo quedaron ojos.

Del sueño un ceniciento *souvenir*.

América poblada por descalzos,
mi pueblo arrodillado frente a la falsa cruz,
mineros, indios pobres, galopando borrachos
al lado de los ríos imortales. Amada mía, América,
  descubierta, violada y abandonada bajo
la colérica nieve, la panoplia volcánica:
pueblos sin alfabeto, mordiendo el duro grano
del maíz, el pan de trigo amargo:
americanos, americanos del andrajo
indios hechos de oxígeno, plantas agonizantes,
negros acostumbrados al grito del tambor,

V

From these streets, from these stones, from this
extinguished light
destined for the Americas, a bubble of blood,
pain, love, disgrace, began to journey, through this sea
one day,
through this door appeared the greenest clarity,
unknown leaves, feverish fruits, gold,
and today the rotting remains of wet potatoes
play with the emptiness in the rain and wind.
And what else? Yes, beyond the poor, dignified faces,
beyond exhausted origins,
beyond discoveries and cruelties,
above the bells of that same shadow,
below, holes for the same dead ones.
And the Dictator, his portrait stuck to the wall:
an unfeeling swine gazes at the exterminated force.

VI

Away from so many bygone days, my homelands still march.

Of so much dignity, only eyes remained.

From the dream—a souvenir in ashes.

America, barefoot population,
my people kneeling before a false cross,
miners, poor indians, galloping drunkards
along the shores of immortal rivers. My beloved, America,
discovered, raped, and abandoned beneath
the furious snow, the volcanic panoply:
people without alphabets, chewing the hard seeds
of corn, the bread of bitter wheat:
Americans, Americans in rags,
Indians made of oxygen, plants in agony,
blacks accustomed to the shout of drums,

qué habéis hecho de vuestras agonías?

Oh terribles Españas!

VII

Como dos campanadas en destierro
se responden: ahora conquistados,
conquistadores: está la familia en la mesa,
separados y unidos en el mismo castigo.
españoles hambrientos y americanos pobres
estamos en la misma mesa pobre del mundo.
Cuando ya se sentó la familia a comer
el pan se había ido de viaje a otro país:
entonces comprendieron que sin ninguna broma
el hambre es sangre y el idioma es hambre.

VIII

Piedad para los pueblos, ayer, hoy y mañana!
A tientas por la historia, cargados de hierro y lágrimas,
crucificados en implacables raíces,

con hambre y sed, amargas enfermedades, odio,
con un saco de sal a la espalda,
de noche a noche, en campos de tierra dura y barro,
aquí y allí, en talleres tapizados de espinas,
en puertos, privilegio del desdén y el invierno,
 y por fin en prisiones
sentenciados
por una cuchillada caída en el hermano.

Sin embargo, a través de la aspereza
se mueve el hombre del hierro a la rosa,
de la herida a la estrella.
Algo pasa: el silencio dará a luz.
He aquí los humillados que levantan los ojos,

what have you made of your suffering?

Oh terrible Spanish lands!

VII

Like two bells ringing in exile
they respond: now conquered,
conquerors. The family sits at the table,
separated and united in the same punishment,
famished Spaniards and poor Americans,
we sit at the same impoverished table of the World.
When the family sat down to eat,
the bread went to visit another country.
And then they understood without any joke.
Hunger is blood. The language is hunger.

VIII

Have mercy on the people, yesterday, today, and tomorrow!
Buffeted through history, burdened with iron and tears,
crucified on implacable roots,

with hunger and thirst, bitter infirmities, hatred,
with a sack of salt on the shoulder,
from night to night, from lands of obdurate earth and clay,
dispersed, in workshops carpeted with thorns,
in ports, a privilege of disdain and winter,
and finally, in prisons,
condemned—
knives fallen on the brother.

Without doubt, crossing the bitter ground,
the iron man advances toward the rose,
from the wound to the star.
Something happens: silence will give birth.
Here the humiliated ones raise their eyes,

cambia el hombre de manos:
el trueno y las espigas se reúnen
y sube el coro negro desde los subterráneos.

Cambia el hombre de la rosa al hierro.
Los pueblos iluminan toda la geografía.

man changes his hands,
thunder and spikes of wheat unite
and a black chorus rises from subterranean depths.

Man changes from a rose to iron.
The people shine their light over all lands.

CATACLISMO

I

La noche de mil noches y una noche
la sombra de mil sombras y un latido,
el agua de mil aguas que cayeron,
el fuego destapando sus embudos,
la ceniza vestida de medusa,
la tierra dando un grito.

Hombre soy, por qué nací en la tierra?

Dónde está la mortaja?

Ésta es la muerte?

II

De los cuarenta días fríos que llegaron antes
nadie supo ni vio materia diferente:
se presenta el invierno como un viajero,
como ave regular en el viaje del cielo.
Cuarenta soles con lluvias sobre los montes,
luego la luz, los dedos de la luz en sus guantes,
así es la noche del invierno oscuro como mano dormida,
y luego con la aurora los derechos
del árbol: la arboleda,
y las guerras del árbol: tenaz selva profunda,
interminable como anillo, vestida con un perfume
    inmenso.

CATACLYSM

I

The night of a thousand and one nights,
the shadow of a thousand shadows and a heartbeat,
the water of a thousand waters falling,
fire uncovering funnels,
ashes dressed up like Medusa,
the Earth's lamentation.

I am a man. Why was I born on Earth?

Where is the shroud?

Is this death?

II

During the last forty days,
no one witnessed or understood that something changed.
Winter presents itself like a traveler,
like a typical bird following the sky's tour.
Forty rainy suns over the mountains.
And then light, gloved fingers of light,
the winter night is dark like a dreaming hand,
and then with the dawn, the justice
of trees, a world of trees,
and the wars of trees in the deep, tenacious forest,
ring-like, never-ending, dressed
in immense perfume.

III

Yo soy el sumergido de aquellas latitudes,
allí dejé mis manos, mi primera abundancia,
los tesoros vacíos más ricos que el dinero,
el fulgor de aquel mundo de hojas, raíces, sílabas
sin idioma, de hojas entrecortadas
que una a una me hicieron entender una dicha
joven y tenebrosa, y es por eso
que cuando
cayó el humo y el mar, la lava, el miedo
allí cayeron, enredándose en un nudo de espinas
que rodaba temblando sobre el día
con una cola de agua hirsuta y piedras que mordían,
y la tierra paría y moría, agonizaba y nacía,
y otra vez volvía a llamarse tierra y a tener noche
y de nuevo borraba su nombre con espanto,
ay, ay hermanos ausentes, como si el dolor fuera un sistema
     intacto,
una copa de aire amargo entre todo el aire de cielo:
allí donde yo estuve llegó a mis labios la muerte,
allí donde yo pasé se sacudió la tierra
y se quemó mi corazón con un sólo relámpago.

IV

Cuéntame tú, pobre Pedro, pobre Juan,
tú, pobre, silencioso habitante de las islas,
Agustín Pescador casado con María Selva,
o tú, Martín sin olvido, sin nunca más olvido,
hijo de la memoria pedregosa
cuéntame, cuéntame sin día ni noche, sin palabras,
solo con lo que perdiste, las redes, el arado,
la casita y el chancho, la máquina Singer comprada en
     Temuco
a costa de tanto tejido, de tanto trabajo lloviendo,

III

I am the man submerged in those latitudes.
There I left my hands, my first jewels,
empty treasures, more precious than money,
the fire of that world of leaves, roots, syllables
with a language, ragged leaves,
which one by one made me understand
my youth, quivering blessings, and because
of this,
when smoke and lava tumbled into the sea,
fear also fell there, making a net in a knot of thorns,
surrounding the day with tremors,
with a tail of furry water and biting rocks,
the Earth giving birth and dying, a tormented delivery,
and again calling herself Earth, with night cascading,
and again erasing her name with fright,
oh, oh, absent brothers, as if the pain
were an unbroken system,
a cup of bitter air between the whole of invisible atmosphere and
    sky.
Death arrived at my lips where I waited.
The Earth quaked where I traveled and searched.
And my heart split into flames with a single bolt of lightning.

IV

Tell me, poor Pedro, poor Juan,
you, poor, silent, inhabitant of the islands,
Augustine Fisherman, husband of Maria Forest,
or you, Martin, minus your oblivion, your amnesia dissolved forever,
child of stony memory,
tell me, tell me, without day, without night, without words,
tell me only with your injuries, the nets, the ploughs,
the little house and the pigs, the Singer sewing machine
    bargained for in Temuco,
in exchange for so much cloth, so much work raining down,

lloviendo, siempre con la lluvia a cuestas
y los zapatos de toda la familia
que esperan con paciencia el invierno para perforarse y
    podrirse.
Oh, ahora tal vez no significa nada el plazo vencido,
ni aquel caballo robado que apareció despúes en
    Nehuentúe.
Ahora la gran deuda de la vida fue pagada con miedo,
fue volcada en la tierra como una cosecha
de la que todos huían rezando, llorando y muriendo,
sin comprender por qué nacimos, ni por qué la tierra
que esperó tanto tiempo que madurara el trigo,
ahora, sin paciencia, como una brusca viuda
borracha y crepitante se hiciera pagar de golpe
amor y amor, vida y vida, muerte y muerte.

V

El cementerio de los Andwanter en la Isla,
frente a Valdivia, encondió cien años
la última gota pura del olvido. Sólo
unos cuantos fundadores muertos, el caballero rubio
y su mujer cocinante, los hijos que devoró el invierno.
Las lianas, las hiedras, las cadenas del bosque,
los hilos que desde el *drimis winterey* y el *notofagus*
altos como las catedrales que perdieron,
góticos como los sueños feroces de su natalicio,
cosieron con aguja y silencio una pequeña patria verde,
la iglesia vegetal que sus huesos querían.
Y ahora, aquellos muertos qué hicieron? Dónde viven?
De aquella taza de agua y olvido, de aquella susurrante
sombra secreta, salió también el miedo
a pasear con su ropa inundada por la soldedad de Valdivia?

raining, always burdened by the rain,
and the shoes of the entire family
awaiting with patience the winter to break apart and
    rot.
Oh now maybe the lost wages mean nothing,
that stolen horse which later appeared in
    Nehuentue means nothing.
Now life's great debt was paid with terror,
churned with the earth like a harvest
of that thing which everyone escaped from
with prayers, weeping, and extinguishing their lives,
without understanding why we were born, not understanding
why the Earth, she who waited so long for the wheat to mature,
now, without patience, like a fierce widow,
drunk and quivering, calls for sudden payment:
love for love, life for life, and death for death.

V

The Andwanter cemetery on the Island,
facing Valdivia, cast a shroud over one hundred years,
the last drop of pure forgetfulness. Just
a handful of dead founders, a blond aristocrat
and his wife, the cook, and children, devourers of winter.
The lianas, ivy, chains of the forest,
threads extending from the *drimis winterey* and the *notofagus*
towering like vanquished cathedrals,
gothic like ferocious birthday dreams.
With a needle and silence, they fashioned a verdant homeland—
the vegetal church of their bones´ desire.
And now, what did those dead ones accomplish?
Where do they live on?
From that faraway glass of water and oblivion, from that secret,
    whispering
shadow in the distance, did fear, dressed in a cloudburst,
also step out to stroll through Valdivia's loneliness?

O también alcanzó allí la lengua del volcán,
el agua interminable que quería matar
y el grito agudo, agudo del mar contra el olvido?

VI

De Puerto Saavedra un patio de amapolas,
el no ser de los indios, la torre del verano
como un faro azotado por las olas del trigo,
duro y azul el cielo de la melancolía,
y una raíz cargada de pólvora y perfume
dentro de mí, naciendo, derribando la luna.

El viejo poeta de barba amarilla, pastor de cisne frío,
del cisne errante, cúpula, monarquía de nieve,
cápsula clara, nave de los solemnes lagos,
el antiguo poeta que me dio una mano
rápida, fugitiva, antes de irse a su tumba,
ahora qué pudo hacer con su pequeño esqueleto
cuando todo tembló sin cisnes, todo rodó en la lluvia,
y el mar del otro lado devoró el Malecón,
entró por las ventanas odio y el agua enemiga,
odio sin fondo, espada de la naturaleza.
Qué pudo hacer mi amigo reducido a semilla,
vuelto a germen, recién tal vez naciendo,
cuando el odio del mar aplastó las maderas
y hasta la soledad quedó sacrificada?

VII

Volcanes! Dioses perdidos, renegados
dioses substituidos, carnívoras corolas,
me acostumbré a mirar a nivel de agua,
a estatura de insecto o piedrecita

Or did the volcano's tongue also stretch to touch there—
the interminable waters of death's appetite,
the sharp shout, the sea's arrows launched against oblivion?

VI

From Puerto Saavedra, a patio of poppies,
the negated life of Indians, summer's tower,
like a lantern whipped by waves of wheat,
the melancholic sky, hard and blue,
and a root, heavy with dust and perfume,
inside of me, giving birth, sundering the moon.

The old yellow-bearded poet, shepherd of the cold swan,
the nomadic swan, dome, snowy monarchy,
clear capsule, ship of solemn lakes,
the ancient poet extended his hand to me, with fugitive
urgency, before going to his grave—
now then, what could be done with the small skeleton
when everything trembled without swans, when everything
    flowed in the downpour,
and the sea from the other side devoured Malecon,
entering through the windows wrath and enemy waters,
bottomless ill will, nature's sword.
And my friend, reduced to seed—what could he do?—
returned to grain, perhaps a new birth,
when the sea's malice demolished wood
and solitude became the sacrifice?

VII

Volcanoes! Lost gods, renegades,
substitute gods, carnivorous flower heads,
I grew accustomed to setting my eyes at water's level,
at a bug or pebble's pinnacle,

vuestro intacto silencio de caballos nevados,
los cuellos del volcán, los hocicos, los dientes
que sólo mordían frío, los collares
del gran dios Chillán, del Puntiagudo, del Osorno,
las plumas de Villarica que el viento feroz
disemina en distancia y agua reconcentrada,
oh Tronador, pan recién creado en el horno frío
en mitad de la selva cerrada como una iglesia,
Llaima con tu penacho de oro y humo,
Aconcagua, pesado padre del silencio en el mundo,
Calbuco, volcán fresco, santo de las manzanas.

En este volcán y en el otro la raza de la tierra
fundó su ser y su no ser, apoyó su familia,
formuló leyes escritas con sangre de zorro,
dictó el rapto, la sal, la guerra, la ceniza.

Así nació de barro,
de barro de volcán
el primer hombre.

VIII

Adentro está el terror, abajo duerme el terror,
es un óvulo estriado que vive en el fuego,
en una pluma pálida que—máquina o medusa—
sube y baja, recorre las venas del volcán,
hasta que frenética saltó de su recinto
y de larva insondable se transformó en corona,
trueno terrible, tubo total de la tormenta,
rosa de azufre, y sangre sobre el dios coronado.
Y aquella paz, aquella nieve en la mentira
del agua quieta, en la paciencia del Llanquihue,
todo aquello, el verano con su paloma inmóvil,
terminó en un silbido de fuego profundo:
se rompió el cielo, galopó la tierra,

your intact silence of snowy horses,
volcano necks, the snouts, the teeth,
only gnawing on the cold, the necklaces
of the great god Chillan, of Puntiagudo, of Osorno,
the plumes of Villarica, spread out by the stormy winds
in the distance, and reconcentrated water,
oh Tronador, bread of new creation from the cold oven
at the lush forest's heart, sealed like a church,
Llaima, with your tufts of gold and smoke,
Aconcagua, heavy father of the world's silence,
Calbuco, pristine volcano, apple-saint.

In this volcano and within other cradles of the earth's race,
your being and non-being were forged, your family's sustenance,
the formula of laws, written in fox-blood,
words of rapture, salt, war, ashes.

And so, born of clay,
volcano clay,
the first human emerged.

VIII

The terror dwells inside, below the terror sleeps—
it is a striated egg living in the fire,
a pale feather—machine or medusa—
rising and falling, running through the veins of the volcano,
until frenetically leaping from its enclosure,
and from an inscrutable larva it changed into a crown,
terrible thunder, a perfect pipe for the storm,
a rose of sulfur, and blood above the crowned god.
And that distant peace, that snow on the lies
of quiet water, on the patience of Llanquihue,
all of it—summer with its quiescent dove,
ended in a shriek of deep fire:
the heavens cracked, the earth galloped,

y cuando sólo el mar podía responder
se juntaron las aguas en una ola cobarde
que palpitó subiendo por la altura
y cayó con su frío en el infierno.

IX

Amor mío, amor mío, ciérrame los ojos
no sólo contra la claridad volcánica, no sólo
contra la oscuridad del miedo: no quiero tener ojos,
no quiero saber ya, ni conocer, ni ser.
Ciérrame los ojos contra todas las lágrimas,
contra mi propio llanto y el tuyo, contra el río
del llanto perpetuo que entre noche y lava
acaricia y horada como un beso sulfúrico
el último vestido de la pobre patria, sentada en una piedra
frente a la invitación insistente del mar
bajo la inexorable conducta de la cordillera.

X

El miedo envuelve los huesos como una nueva piel,
envuelve la sangre con la piel de la noche,
bajo la planta de los pies mueve la tierra:
no es tu pelo, es el miedo en tu cabeza
como una cabellera de clavos verticales
y lo que ves no son las calles rotas
sino, dentro de ti, tus paredes caídas,
tu infinito frustrado, se desploma
otra vez la ciudad, en tu silencio sólo se oye
la amenaza del agua, y en el agua
los caballos ahogados galopan en tu muerte.

and when only the sea could respond,
the waters united in a single wave of cowardice,
palpitating, rising through the loftiness,
falling with shivers into hell.

IX

My love, my love, close my eyes, protect them
not only from the volcanic brilliance, not only from
the darkness of terror: I don't want to have eyes.
I don't want that knowledge yet—to experience, to exist.
Close my eyes, protect them from all the tears,
protect them from my weeping and yours, from the perpetual
river of laments, caressing and piercing,
between night and lava—like sulfur's kiss—
the last vestment from a poor homeland, resting on stone,
facing the sea's insistent invitation,
beneath the cordillera's unmerciful bearing.

X

Fear envelops bones like new skin,
envelops blood with night's skin,
the earth moves beneath the soles of the feet—
it is not your hair but the terror in your head,
like long hair made of vertical nails,
and what you see are not shattered streets,
but rather, within you, your own crushed walls,
your frustrated infinity, again the city comes
crashing down: in your silence, only water's threat
is heard, and in the water
drowned horses gallop through your death.

XI

Volveré a ver cuanto fue respetado
por fuego, tierra y mar, sin duda. Un día
llegaré como los emigrados antes de ser vencidos:
esto quedó, esta casa, esta piedra, este hombre.
La ternura tiene una mano de ciclón tardío
para recuperar sus miserables tesoros
y luego olvido y lluvia lavan las manchas digitales
del devorado. Seguramente todo
estará allí, los veleros
vuelven del archipiélago cargados
con erizos del mar, con tomates de yodo,
con las maderas duras de Chacao
y yo veré el mismo día antiguo con título de nieve,
con un volcán, callado a plena luz
y ya el escalofrío más grande de la tierra
se alejó como el viento polar a su destino.
Y crecerá más de una flor, más de un pan, más de un
    hombre
de las mismas raíces olvidadas del miedo.

XII

Araucaria, quién eres? Quién soy? Sujeta!
Sufre! Sujeta! Corran! Aquí estoy! Pero llueve.
No hay nadie más. Cayó la torre. Traigan,
traigan la cuchara, la pala, el azadón,
ahora muero, dónde está la Rosa? No hay nadie,
no hay ventana, no hay luz, se fueron, se murieron.
Yo bajé al patio, entonces no hubo tierra,
todo rodaba, el fuego salía de la esquina.
Tú sabes que Alarcón subió a sus hijos
en la nave, hacia el mar, pero tampoco el mar
estaba allí, el mar se había ido,

XI

I will return to see how much was respected
by fire, land, and sea—there is no doubt. One day
I will arrive like the emigrants before their defeat:
this remained, this house, this rock, this man.
Kindness has the hands of a slow cyclone
when it comes to reclaiming their miserable treasures.
Forgetfulness and rain wash the finger-stains
of the devoured. Surely everything
will be there—the sailboats
return from the archipelago laden
with sea urchins, tomatoes of iodine,
with the hardwoods of Chacao.
And I will witness the same day's antiquity, named in snow,
with a volcano silenced in fullest brilliance,
the planet's supreme chill already
traveling, enroute to its destiny, like a polar wind.
And more than a flower, more than a loaf of bread, more
    than a man will grow
from the same forgotten roots of fear.

XII

Araucaria, who are you? Who am I? A subject!
Suffer! Subject! Run! Here I am! But it is raining.
There is no one else. The tower collapsed. Swallow,
swallow the spoon, the shovel, the hoe,
now I'm dying—where is the Rose? There is no one—
no window, no light—they left, they died.
I went down to the patio—and then there was no land,
everything was rolling, fire around the corner.
You know that Alarcon put his children
on a ship, heading out to sea—but the sea
wasn't there—the sea went away—away, away,

había huído, huído, huído el mar
y volvió en una ola, en una negra ola,
en una negra ola el mar
el mar volvió volvió volvió.
En una sola ola los Alarcón murieron.

XIII

Debajo de mis alas mojadas, hijos, dormid,
amarga población de la noche inestable,
chilenos perdidos en el terror, sin nombre,
sin zapatos, sin padre, ni madre, ni sabiduría:
ahora bajo la lluvia tendremos
el poncho y a plena muerte, bajo mis alas,
a plena noche dormiremos para despertar:
es nuestro deber eterno la tierra enemiga,
nuestro deber es abrir las manos y los ojos
y salir a contar lo que muere y lo que nace.
No hay infortunio que no reconstruya la aguja
cose que cose el tiempo como una costurera
coserá un rosal rojo sobre las cicatrices
y ahora tenemos nuevas islas, volcanes,
nuevos ríos, océano recién nacido,
ahora seamos una vez más: existiremos,
pongámonos en la cara la única sonrisa que flotó sobre
    el agua,
recojamos el sombrero quemado y el apellido muerto,
vistámonos de nuevo de hombre y de mujer desnudos:
construyamos el muro, la puerta, la ciudad:
comencemos de nuevo el amor y el acero:
fundemos otra vez la patria temblorosa.

escaped, absconded, the sea fled
and returned in a single wave, in a black wave,
the sea in a black wave,
the sea returned, returned, returned.
In a single wave the Alarcon family perished.

XIII

Sleep children, beneath my wet wings,
bitter family of the trembling night,
Chileans lost in the terror, nameless
shoeless, without fathers, without mothers, without wisdom:
now beneath the rain we will have
the poncho, and plain as death, beneath my wings,
in the depths of night, we will sleep to awaken:
the enemy earth is our eternal obligation,
our duty is to open our hands and eyes
and to go out to count the dead and what is reborn.
There is no misfortune which the needle
cannot reconstruct, sewing, time sewing like a seamstress.
The red rose will stitch over the scars
and now we have new islands, volcanoes,
new rivers, a newborn ocean,
Let us live again—now—we will exist,
let us put on our faces the only smiles
    floating in the sea,
let us pick up the burnt hat and the dead surname,
let us again clothe the naked man and woman,
let us build the wall, the door, the city,
let us begin again the industries of love and steel:
let us rescue again our quaking homeland.

LAUTREAMONT RECONQUISTADO

I

Cuando llegó a París tuvo mucho que hacer.
Estas eran las verdaderas calles del hombre.
Aquí las había taladrado como a los túneles el gusano
adentro de un queso oscuro, bajo el atroz invierno.
Las casas eran tan grandes que la sabiduría
se empequeñeció y corrió como rata al granero
y sólo fueron habitadas las casas por la sombra,
por la rutina venenosa de los que padecían.
Compró flores, pequeñas flores en el mercado de Halles
y de Clignancourt absorbió el asco militante,
no hubo piedra olvidada para el pequeño Isidoro,
su rostro se fue haciendo delgado como un diente,
delgado y amarillo como la luna menguante en la pampa,
cada vez más parecido a la luna delgada.
La noche le robaba hora por hora en rostro.
La noche de París ya había devorado
todos los regimientos, las dinastías, los héroes,
los niños y los viejos, las prostitutas, los ricos y los pobres,
Ducasse estaba solo y cuanto tuvo de luz lo entregó cuerpo
    a cuerpo,
contra la devoradora se dispuso a luchar,
fabricó lobos para defender la luz,
acumuló agonía para salvar la vida,
fue más allá del mal para llegar al bien.

II

Lo conocí en el Uruguay cuando era tan pequeño
que se extraviaba en las guitarras del mes de julio,
aquellos días fueron de guerra y de humo,
se desbocaron los ríos, crecieron sin medida las aguas.
No había tiempo para que naciera.

LAUTREAMONT RECONQUERED

I

There was much to do when he arrived in Paris.
These were the authentic streets of man.
Here, they were created like worm-tunnels
within a dark cheese, below winter's hardness.
The houses puzzled like mazes—
wisdom withered and ran like a rat in search of a granary.
The houses were only inhabited by shadows—
by the poison routine of the anguished.
He shopped for flowers, little blossoms in the market of Halles,
and from Clignancourt he absorbed militant loathing,
Little Isidoro overlooked no stone.
His face grew as thin as a tooth,
skinny and sallow, a shriveled remembrance of the pampa's moon.
Hour by hour, the wheel of night eclipsed his face.
The Parisian night had already devoured
all the regiments, the dynasties, the heroes,
the children and the aged, the whores, the rich and the destitute.
Ducasse was alone—and he relinquished
the remains of his light, body to body,
prepared to fight the devourer,
inventing wolves to defend the light,
accumulating agony to save his life—
traveling beyond evil—to arrive at goodness.

II

I met him in Uruguay when he was very young,
a nomadic child of July's guitars,
those were days of war and smoke,
the lips of rivers overflowed, waters swelled into chaos.
There was no time for his nativity.

Debió volver muchas veces, remontar el deseo,
viajar hasta su origen, hasta por fin llegar
cuando sangre y tambores golpeaban a la puerta,
y Montevideo ardía como los ojos del puma.
Turbulenta fue aquella época, y de color morado
como un deshilachado pabellón de asesinos.
Desde la selva el viento militar
llegaba en un confuso olor a hierba ardiendo.
Los fusiles quebrados a la vera del río
entraban en el agua y a plena medianoche
se habían convertido en guitarras, el viento
repartía sollozos y besos de las barcarolas.

III

Americano! Pequeño potro pálido
de las praderas! Hijo
de la luna uruguaya!
Escribiste a caballo, galopando
entre la dura hierba y el olor a camino,
a soledad, a noche y herraduras!
Cada uno
de tus cantos fue un lazo,
y Maldoror sentado sobre las calaveras
de las vacas
escribe con su lazo,
es tarde, es una pieza de hotel, la muerte ronda.
Maldoror con su lazo,
escribe que te escribe su larga carta roja.
La vidalita de Maldoror, hacia el Oeste,
las guitarras sin rumbo, cerca del Paraná,
terrenos bajos, el misterioso crepúsculo cayó
como una paletada de sangre sobre la tierra,
las grandes aves carnívoras se despliegan,
sube del Uruguay la noche con sus uvas.
Era tarde, un temblor unánime de ranas,

He should have returned many times, to find shelter in the desire,
to journey to his origins, until finally arriving
when blood and drums pounded at the door,
and Montevideo flashed flames like the eyes of a puma.
It was a turbulent age, stained purple
like a twisted arcade of assassins.
From the deep forest, a military gale
arrived spreading the confused fragrance of burnt grass.
Shattered guns at the river's edge
penetrated the water and in midnight's fullness
changed into guitars. The wind
repeated the sobs and kisses of barcaroles.

III

American! Wisp of a pallid colt
from the grasslands. Child
of the Uruguayan moon.
You wrote on horseback, galloping
between the rough turf and the aromatic dust,
alone with the night and horseshoes!
Each of your songs was
a lasso,
and Maldoror, seated on the skulls
of cows
writes with his lasso—
it's late, in a hotel room, death prowls.
Maldoror with his lasso,
writes, writes for you his long red letter.
Maldoror's frail life, going west,
guitars without a destination, near Parana,
lowlands, the mystic twilight descending,
spreading a bloody trowel across the Earth,
great carnivorous birds extending their wings,
the Uruguayan night rising with its grapes.
So late—a unanimous vibrato of frogs,

los insectos metálicos atormentan el cielo,
mientras la inmensa luna se desnuda en la pampa
extendiendo en el frío su sábana amarilla.

IV

El falso cruel de noche prueba sus uñas falsas,
 de sus cándidos ojos hace dos agujeros,
con terciopelo negro su razón enmascara,
con un aullido apaga su inclinación celeste.

El sapo de París, la bestia blanda
de la ciudad inmunda lo sigue paso a paso,
lo espera y abre las puertas de su hocico:
el pequeño Ducasse ha sido devorado.

El ataúd delgado parece que llevara
un violín o un pequeño cadáver de gaviota,
son los mínimos huesos del joven desdichado,
y nadie ve pasar el carro que lo lleva,
porque en este ataúd continúa el destierro,
el desterrado sigue desterrado en la muerte.

Entonces escogió la Commune y en las calles
sangrientas, Lautréamont, delgada torre roja,
amparó con su llama la cólera del pueblo,
recogió las banderas del amor derrotado
y en las masacres Maldoror no cayó,
su pecho transparente recibió la metralla
sin que una sola gota de sangre delatara
que el fantasma se había ido volando
y que aquella masacre le devolvía el mundo:
Maldoror reconocía a sus hermanos.

Pero antes de morir volvió su rostro duro
y tocó el pan, acarició la rosa,
soy, dijo, el defensor esencial de la abeja,

metallic insects tormenting the skies,
meanwhile the immense moon disrobes in the pampa
spreading its yellow sheet across the chill.

IV

The cruel nocturnal falsifier tests his spurious talons,
from honest eyes he fashions two holes,
with black velvet, his reason makes a mask,
with a howl, his celestial inclination is smothered.

The toad of Paris, the boneless beast
from the obscene city follows each of his steps,
waits for him, and opens the doors of its thick jaws:
little Ducasse has been devoured.

The slim coffin seems to carry
a violin or a tiny seagull cadaver,
not the minimal bones of an unlucky young man.
No one sees what the passing cart is carrying
because within this coffin exile continues,
the exiled man continues his exile in death.

Then by the Commune's election, and in the
bloody streets, Lautreamont, a slim red tower,
befriended the people's anger with his flames,
gathered the flags of shattered love.
During the massacres, Maldoror did not fall,
his transparent chest received the shrapnel
without relinquishing a drop of blood—
it was as if his ghost had flown away
and that massacre returned him to the world.
Maldoror recognized his brothers.

But before dying, his solid face returned—
he touched bread, caressed the rose,
I am, he said, the bee's essential defender,

sólo de claridad debe vivir el hombre.

V

Del niño misterioso recojamos
cuánto dejó, sus cantos triturados,
las alas tenebrosas de la nave enlutada,
su negra dirección que ahora entendemos.
Ha sido revelada su palabra.
Detrás de cada sombra suya el trigo.
En cada ojo sin luz una pupila.
La rosa en el espacio del hombre.
La esperanza que sube del suplicio.
El amor desbordando de su copa.
El deber hijo puro de la madera.
El rocío que corre saludando a las hojas.
La bondad con más ojos que una estrella.
El honor sin medalla ni castillo.

VI

Entonces la muerte, la muerte de París cayó como una tela,
como horrendo vampiro, como alas de paraguas,
y el héroe desangrado la rechazó creyendo
que era su propia imagen, su anterior criatura,
la imagen espantosa de sus primeros sueños.
"No estoy aquí, me fui. Maldoror ya no existe".
"Soy la alegría de la futura primavera",
dijo, y no era la sombra que sus manos crearon,
no era el silbido del folletín en la niebla,
ni la araña nutrida por su oscura grandeza,
era sólo la muerte de París que llegaba
a preguntar por el indómito uruguayo,
por el niño feroz que quería volver,
que quería sonreír hacia Montevideo,
era sólo la muerte que venía a buscarlo.

only clarity should live in man.

V

From the mystic young man, let us gather
the remains of what left behind, his shattered songs,
the secret wings of bereavement's ship.
We now perceive his blackened residence—
his word, revealed.
Behind each of his shadows, the wheat.
In each eye, devoid of light, a pupil.
The rose expanding into man's space.
Hope rising from torture.
Love overflowing its cup.
Duty, pure offspring of wood.
Dew running in drops, greeting leaves.
Loving kindness with more eyes than a star.
Honor—but without medals, without a castle.

VI

Then death, death rained down like rags in Paris,
like an ugly vampire, like the wings of an umbrella,
but the wounded hero rejected it believing
it was his own image, a bygone creation,
the dire image of his first dreams.
"I am not here. I don't exist. Maldoror doesn't exist anymore."
"I am the delight of future springtime,"
he said, and it was not the shadow, creation of his hands,
it was not the whistling of novels penetrating the fog,
it was not the spider, nourished by his dark grandeur.
It was only death Parisian style, arriving,
asking for the indomitable Uraguayan,
for the wild boy who wanted to return.
He longed to smile en route to Montevideo.
It was only death coming to find him.

OCEANA

I

Oceana nupcial, caderas de las islas,
aquí a mi lado, cántame los desaparecidos
cantares, signos números del río deseado.
Quiero oír lo invisible, lo que cayó del tiempo
al palio equinoccial de las palmeras.
Dame el vino secreto que guarda cada sílaba:
ir y venir de espumas, razas de miel caídas
al cántaro marino sobre los arrecifes.

II

Yo no soy, yo perdí los días, porque entonces
me faltaba, Oceana, tu guitarra florida,
y era de madreperla la boca de la aurora:
entraba la marea, con su trueno en las islas
y todo era fulgor, menos mi vida,
menos mi corazón sin azahares.

III

Oceana, reclina tu noche en el castillo
que aguardó sin cesar pasar tu cabellera
en cada ola que el mar elevaba en el mar
y luego no eras tú sino el mar que pasaba,
sino el mar sino el mar y yo qué pude hacer:
era tarde, otro día se abría con mi llave,
otra puerta, y el mar continuaba vacío

OCEAN LADY

I

Ocean Lady, bride, hips of the islands,
here, beside me, sing to me, the vanished
songs, signs, numbers from the river of desire.
I want to listen to the invisible, things fallen out of time
onto the equinox's canopy of palm trees.
Give me the secret wine guarded within each syllable,
the comings and goings of waves, races of honey
fallen into the sea's bucket, washed up on the reefs.

II

I don't exist—I lost days because back then,
Ocean Lady, I didn't embrace your flowery guitar.
The dawn's mouth glittered like mother-of-pearl.
Like thunder, surf penetrated the islands,
and everything churned to brilliance, except my life,
except my heart, yearning for orange blossoms.

III

Ocean Lady, give your twilight rest in the castle
which faithfully awaited the passage of your lush hair,
in every wave that the sea raised up from its chasm,
and then you weren't yourself—but instead the fugitive sea,
the sea, the sea, and what could I do?
It was late, another day was opening with my key,
another door, and the sea extended emptiness.

IV

Entonces fui gastando mi sonrisa y cayeron
uno a uno mis dientes en la caja de hierro.
Furioso contemplé los santos enlutados,
los ataúdes de ámbar que traía el crepúsculo,
los minerales prisioneros en su abismo
las algas lastimeras meciéndose en la niebla
y sin tocar tus párpardos, Oceana amarilla,
Oceana negra, Oceana de manos transparentes,
estiré mis sentidos hasta que sin saberlo
se desató en el mar la rosa repentina.

V

Cántame caracola, cuéntame la campana,
cántame la paciencia del trigo submarino,
el tembloroso rey coronado de vértebras,
la luna diametral que lloraba de frío.
Y si hay alguna lágrima perdida en el idioma
déjala que resbale hasta mi copa.
bebiéndola sabré lo que no supe entonces:
cántame lo que fue de labio a labio a labio
haciéndose cantar sin tocar tierra,
puro en el aire puro de los días de miel,
alto en el aire como la palma sempiterna.

VI

Sirena o palma plena, paloma de la espuma,
sosiego de guitarras en lento y alto vuelo,
repíteme el cantar que en mi sangre circula
sin que tuviera voz hasta que tú llegaste,
llegaste palpitante de la espuma, peregrina,
de costas que no existen, duramente doradas,

IV

Back then I wandered, wasting my smile.
One by one, my teeth dropped into an iron box.
Furiously, I contemplated saints in mourning,
amber coffins carried by the dawn,
minerals imprisoned in their abyss,
the miserable algae rocking themselves in the fog,
and without touching your eyelids, golden Ocean Lady,
black Ocean Lady, Ocean Lady with transparent hands,
I stretched my senses, until without knowing it,
a sudden rose unfurled, blossoming over the sea.

V

Sing to me, snail; speak to me, bell;
sing to me, patience of underwater wheat,
the quivering king, crowned by vertebrae,
the retrograde moon that cried in the cold.
And if there exists a lost teardrop in the language,
let it slip into my cup.
By drinking it, I will know what I didn't know then.
Sing to me the essence that traveled
from mouth to mouth to mouth, becoming
song without touching earth,
pure in the pure air of honeyed days,
high in the air like the everlasting palm.

VI

Siren, or lush palm tree, foamy dove,
serenity or guitars in slow, high flight,
repeat to me the song circulating in my blood.
It had no voice until you arrived,
arrived quivering in the sea's bubbles,
from hard and golden coasts of nonexistence,

de los cuentos caídos hoja por hoja al agua
y a la tierra poblada por negros regimientos.

VII

Tengo hambre de no ser sino piedra marina,
estatua, lava, terca torre de monumento
donde se estrellan olas ya desaparecidas,
mares que fallecieron con cántico y viajero.
Por eso cuando desde lo que no existe, Oceana,
asomaron tus anchos ojos, y tus pulseras
tintineando en la lluvia me anunciaron
que llegabas, corola de los mares, tardía
mi corazón salió perdido por las calles,
y desde entonces cantáme con ojos de guitarra.

Desde entonces suspírame con uvas de amatista
y manzanas y dátiles estrictamente tiernos,
frutos, frutos recién robados de la aurora,
agredidos aún por balas de rocío.
Y que la cesta de agua contenga peras puras,
mangos desarollados a dulzura remota,
guanábanas copiosas, pomposas, olorosas,
los crímenes radiantes que esconde la granada,
la miel en la barriga de pálidos melones.

VIII

Oceana, dame las conchas del arrecife
para cubrir con sus relámpagos los muros,
los Spondylus, héroes coronados de espinas,
el esplendor morado del murex en su roca:
tú sabes como sobre la sal ultramarina
en su nave de nieve navega el Argonauta.

from stories, plunged, page by page, into the water,
to Earth, populated by blackened governments.

VII

I yearn only to become the incarnation of marine stone,
statue, lava, a hard, towering monument
where bygone waves explode,
seas that perished with canticles and travelers.
So, Ocean Lady, when from nonexistence,
your wide eyes appeared, and your bracelets,
jingling in the rain, announced your arrival
to me, a languid crown of the sea's flowers,
my heart exited and got lost in the streets.
Reaching back to that moment: sing to me with guitar-eyes.

From that instant: sigh for me with amethyst grapes,
and apples, and strictly tender dates,
fruits, fruits just stolen from the dawn,
and further wounded by bullets of dew.
And may the wet basket brim with the purest pears,
mangoes ripened to a distant sweetness,
abundant guanbanas, radiant with perfume,
shining crimes hidden by the pomegranate,
the honey in the belly of pale melons.

VIII

Ocean Lady, extend to me the shells of the reef,
to cloak walls with your lightning,
the Spondylus, heroes crowned with thorns,
the empurpled splendor of the murex on its rock.
You know the way: over the ultramarine salt
the Argonaut navigates his snow-ship.

IX

Plumajes! Trae contigo el ave
que enlaza la secreta profundidad y el cielo,
ven envuelta en tu ropa natal de colibríes
hasta que pluma a pluma vuelen las esmeraldas.

X

Recuerda el corazón de pájaro que llevas
en su jaula: el debate de las alas y el canto,
y de tantos violines que vuelan y fulguran
recoge tú, recógeme sonido y pedrería.
Hasta que envueltos en aire y fuego vamos
acompañados por la sonora asamblea
a la cascada de lingotes matutinos.
Y nuestro amor palpite como un pez en el frío.

XI

Al fin, al fin no vuelvas a tu piedra marina,
Oceana, alma mía, ámbar del Sur, donaire.

En nave nuestra, en tierra recibimos
el polen y el pescado de las islas distantes,
oyendo, oyendo lejos, susurro y barcarola,
el rito matinal de los remos perdidos.

Yo soy, Oceana, sólo alguien que te esperaba
en la torre de un faro que no existe,
y éste es un cuento en donde no sube otra marea
que tus senos marinos bajo la luz nocturna.

Y sólo dos verdades hay en esta sonata:
tus ojos oscuros abiertos en el agua.

IX

Such feathers! Bring with you the bird
joining the secret depths and heaven,
come wrapped in your newborn nakedness of hummingbirds,
until feather by feather, emeralds fly.

X

Remember: you carry the bird's heart
in its cage: the debate of wings and song,
so many violins, soaring and flashing.
Gather, gather for me, the sounds and jewels,
until wrapped in air and fire, we voyage
accompanied by the congress of pure harmonies
to morning's waterfall of shimmering ingots.
And may our love palpitate like a fish in the cold.

XI

At last, to end, do not return to your sea-stone.
Ocean Lady, my soul, southern amber and grace.

On our ship, our earth, we receive
the pollen and fish of distant isles,
listening, listening to the faraway whisper and barcarole,
the sunrise ritual of lost oars.

Ocean Lady, I am just someone who hoped for you
in the tower of an ethereal lighthouse,
and this is the story where only one tide surges...
your aquamarine breasts beneath night's radiance.

There are only two truths in this sonata:
your two dark eyes, open in the water.

FIN DE FIESTA

I

Hoy es el primer día que llueve sobre marzo,
sobre las golondrinas que bailan en la lluvia,
y otra vez en la mesa está el mar,
todo está como estuvo dispuesto entre las olas,
seguramente así seguirá siendo.
Seguirá siendo, pero yo, invisible,
alguna vez ya no podré volver
con brazos, manos, pies, ojos, entendimiento,
enredados en sombra verdadera.

II

En aquella reunión de tantos invitados
uno por uno fueron regresando a la sombra
y son así las cosas después de las reuniones,
se dispersan palabras, y bocas, y caminos,
pero hacia un solo sitio, hacia no ser, de nuevo
se pusieron a andar todos los separados.

III

Fin de fiesta…Llueve sobre Isla Negra,
sobre la soledad tumultuosa, la espuma,
el polo centelleante de la sal derribada,
todo se ha detenido menos la luz del mar.
Y adónde iremos?, dicen las cosas sumergidas.
Qué soy?, pregunta por primera vez la alga,
y otra ola, otra ola, otra ola responden:
nace y destruye el ritmo y continúa:
la verdad es amargo movimiento.

FIESTA'S END

I

Today is the first day raining over March,
over the swallows dancing in the rain,
And again the sea is on the table.
Everything is as it was—keen among the waves.
Surely, things will continue this way.
This will continue to exist, but I have remained invisible,
for such a long time now—I cannot return
with arms, hands, eyes, understanding,
inside the net of truth's shadow.

II

It happened during that fiesta with so many guests—
one by one they departed, returning to the shadows,
that is the way things fall apart after reunions;
words, mouths, paths scatter
en route to just one place—nonexistence.
Once again those souls who lived in separation
undertook their journeys.

III

End of the fiesta. Rain falling over Isla Negra,
over the chaos of solitude, the sundering waves,
the sparkling pole of spilled salt,
everything has gelled in the stillness, except the sea's brilliance.
And where shall we go? Ask the submerged things.
What am I? The algae questions for the first time,
and a wave, another wave, and another wave respond:
the rhythm is born and destroys, and continues:
the truth is bitter motion.

IV

Poemas deshabitados, entre cielo y otoño,
sin personas, sin gastos de transporte,
quiero que no haya nadie por un momento en mis versos,
no ver en la arena vacía los signos del hombre,
huellas de pies, papeles muertos, estigmas
del pasajero, y ahora
estática niebla, color de marzo, delirio
de aves del mar, petreles, pelícanos, palomas
de la sal, infinito
aire frío,
una vez más antes de meditar y dormir,
antes de usar el tiempo y extenderlo en la noche,
por esta vez la soledad marítima,
boca a boca con el húmedo mes y la agonía
del verano sucio, ver cómo crece el cristal,
cómo sube la piedra a su inexorable silencio,
cómo se derrama el océano sin matar su energía.

V

Nos pasamos la vida preguntando: cuánto?
Y vimos a nuestros padres con el cuánto en los ojos,
en la boca, en las manos, cuánto por aquello,
por esto, cuánto por la tierra, por el kilo de pan,
y también por las espléndidas uvas y por los zapatos.
Cuánto cuesta, señor, cuánto cuesta, nos habíamos
vestido de sonrisas aquel día sin duda
y los padres con ropa remendada, inseguros
entraban al almacén como a una iglesia terrible.
Pero, después, más lejos fue lo mismo.

IV

Uninhabited poems, between heaven and autumn,
without people, without the cost of transport—
I wish that no one existed in my verses—just for a moment—
so not to see traces of man in the empty sand,
the imprints of feet, dead papers, stigmas
of the traveler, and now
static fog, March's palette, delirium of sea birds,
petrels, pelicans, salt-loving
doves, infinite
icy air—
once again, before meditation and sleep,
before fashioning time and extending it into the night,
passing through this span of the sea's solitude,
mouth-to-mouth with the drenched season and the agony
of summertime's waste—witnessing the flourish of crystal—
how stone rises to its inexorable season—
how the ocean energizes the waves without extinguishing its life force.

V

We go through life asking: How much does it cost?
We see our parents with the price in their eyes,
their mouths, their hands: How much for that?
For this? For the earth? For a kilo of bread?
And how much for those splendid grapes—and for the shoes?
How much does it cost, Mister, how much? Certainly,
we were all dressed up in smiles that day
as our parents, adorned in rags, and wavering,
entered the store as if it were a church.
But afterward, faraway, it was the same.

VI

Nos gusta a los estetas la moraleja, murió
cuando la poesía enseñaba al hombre a ser hombre
y además le dejaba un fulgor de violeta en el alma.
Por eso si digo dónde y cómo
y en todas partes desde el trono al petróleo
se ensangrentaba el mundo preguntando,
cuánto? y el grano de la cólera crecía
con el cuánto en las sílabas de todos los idiomas,
si digo y sigo seré un violín gastado,
un trovador que agobió la duda y la verdad.

VII

El deber crudo, como es cruda la sangre de una herida
o como es aceptable a pesar de todo el viento frío reciente,
nos hace soldados, nos hace la voz y el paso
de los guerreros, pero es con ternura indecible
que nos llaman la mesa, la silla, la cuchara,
y en plena guerra oímos cómo gritan las copas.
Pero no hay paso atrás! Nosotros escogimos,
nadie pesó en las alas en la balanza
sino nuestra razón abrumadora
y este camino se abrió con nuestra luz:
pasan los hombres sobre lo que hicimos,
y en este pobre orgullo está la vida,
es éste el esplendor organizado.

VIII

Fin de la fiesta…Es tiempo de agua,
se mueven los ríos subterráneos de Chile
y horadan el fondo fino de los volcanes,

VI

The moral of the story pleases us aesthetes.
But it perished when poetry showed man an honest way to express
    humanity.
And beyond this, poetry left a purple fire in the soul.
So then, if I divulge where, and how
transcending borders, from the throne of petroleum,
the world bled to death, asking,
How much? What then? The grain of anger swelled
with the price written in the syllables of every language.
If I follow this path of telling, I'll end up a shattered violin,
a troubadour carrying his crushing cargo of doubt and truth.

VII

Raw duty, raw like the blood of a wound
how acceptable despite the new cold wind,
it makes us soldiers, causing us to become the voice
and footsteps of warriors. But with unspeakable tenderness
the table, the chair, the soup spoon calls us,
and with war at its fullest, we listen to a chorus of cups, their shouts.
But there is no way to go back! We chose.
No one weighed down the wings of our equilibrium—
it was the work of our oppressive thoughts!
This road opened with our light.
Men pass over our deeds;
and with this poor pride, life makes a home,
in this organized splendor.

VIII

End of the fiesta. It is water's time to celebrate.
Chile's underground rivers are on the move,
perforating the florid depths of volcanoes,

atraviesan el cuarzo y el oro, acarrean el silencio.
Son grandes aguas sagradas que apenas conoce el hombre,
se dice el mar, se dice Cabo de Hornos,
pero este reino no tiene mancha humana,
la especie aquí no pudo implantar sus comercios,
sus motores, sus minas, sus banderas,
es libre el agua y se sacude sola,
se mueve y lava, lava,
lava piedras, arenas, utensilios, heridos,
no se consume como el fuego sangriento,
no se convierte en polvo ni en ceniza.

IX

La noche se parece al agua, lava el cielo,
entra en los sueños con un chorro agudo
la noche
tenaz, interrumpida y estrellada,
sola,
barriendo los vestigios
de cada día muerto,
en lo alto las insignias
de su estirpe nevada
y abajo
entre nosotros
la red de sus cordeles, sueño y sombra
De agua, de sueño, de verdad desnuda,
de piedra y sombra
somos o seremos
y los nocturnos no tenemos luz,
bebemos noche pura,
en el reparto nos tocó la piedra
del horno: cuando fuimos
a sacar el pan
sacamos sombra

navigating regions of quartz and gold, transporting silence.
These great, sacred waters hardly recognize man,
according to the sea, and the Cabo de Hornos.
This kingdom lacks the stain of human touch.
The species could not force business here:
motors, mines, flags.
Water remains free, flowing, a cleansing quest, alone.
Water moves and washes, purifies;
it scrubs stones, sand, utensils, wounds.
It doesn't devour like the ferocious fire.
It doesn't become dust or ashes.

IX

Night looks like water; it cleanses the sky,
enters dreams, an intense fountainhead:
the night is tenacious, suspended, full of stars,
solitary,
sweeping away the vestiges
of each dead day,
on high, the insignias
of its snowy lineage,
and below
with us,
its net of cords, dream and shadow.
From water, from sleep, from naked fact,
from stone and shadow,
we are or we will become,
and we nocturnal souls have no light—
we drink pure night—
in the division the oven-stone
touched us. When it was time
to take out the bread,
we extracted shadow,

y por la vida
fuimos
divididos:
nos partió la noche,
nos educó en mitades
y anduvimos
sin tregua, traspasados
por estrellas.

X

Los desgranados, los muertos de rostro tierno,
los que amamos, los que brillan
en el firmamento, en la multitud del silencio,
hicieron temblar la espiga con su muerte,
nos pareció morir, nos llevaban con ellos
y quedamos temblando en un hilo, sintiendo la amenaza,
y así siguió la espiga desgranándose
y el ciclo de las vidas continúa.

Pero, de pronto, faltan a la mesa
los más amados muertos, y esperamos,
y no esperamos, es así la muerte,
se va acercando a cada silla y luego
allá ya no se sienta la que amamos,
se murió con violín el pobre Alberto,
y se desploma el padre hacia el abuelo.

XI

Construyamos el día que se rompe,
no demos cuerda a cada hora, sino
a la importante claridad, al día,
al día que llegó con sus naranjas.

and through life,
we have traveled divided:
the night split us apart;
we educated ourselves in halves,
and walked on
without a truce,
pushed on
by the stars.

X

Harvested souls, the dead with fragile faces,
the ones we loved, those now
shining in the firmament, among silent hosts.
Spikes of grain trembled when they died.
We believed they perished, taking part of us with them.
And so we remained shivering on a thread contemplating the
   warning.
And so the grain-spike continued shaking out its seeds,
and the cycles of life continued.

But soon, the most beloved spirits
are missed at the dining table; And we wait,
and we don't wait—that's death's way,
approaching every chair, and then there it is—
the chair of the loved one remains empty
Poor Alberto died with a violin,
while the father now sheds his brilliant plumage,
becoming the grandfather.

XI

Let's build the day that breaks apart,
let's not tie a rope to every hour, but
rather to the important clarity, to the day,
to the day that arrived with its oranges.

Al fin de cuentas de tantos detalles
no quedará sino un papel
marchito, masticado, que rodará en la arena
y será por inviernos devorado.

Al fin de todo no se recuerda la hoja
del bosque, pero quedan
el olor y el temblor en la memoria:
de aquella selva aún vivo impregnado,
aún susurra en mis venas el follaje,
pero ya no recuerdo día ni hora:
los números, los años son infieles,
los meses se reúnen en un túnel tan largo
que abril y octubre suenan como dos piedras locas,
y en un sólo canasto se juntan las manzanas,
en una sola red la plata del pescado,
mientras la noche corta con una espada fría
el resplandor de un día que de todos maneras
vuelve mañana, vuelve si volvemos.

XII

Espuma blanca, marzo en la Isla, veo
trabajar ola y ola, quebrarse la blancura,
desbordar el océano de su insaciable copa,
el cielo estacionario dividido
por largos lentos vuelos de aves sacerdotales
y llega el amarillo,
cambia el color del mes, crece la barba
del otoño marino,
y yo me llamo Pablo,
soy el mismo hasta ahora,
tengo amor, tengo dudas,
tengo deudas,
tengo el inmenso mar con empleados
que mueven ola y ola,

When all settled, the burden of details,
only one paper will remain:
withered, chewed up. It will roll in the sand
and be devoured by winter.

At the end of everything, the leaf
of the forest will not be remembered,
but the fragrance and the vibration in memory
will remain:
from that jungle still alive and impregnable.
The leaves still whisper in my veins:
the numbers, the unfaithful hours,
the reunion of months in a tunnel so long
that April and October sound like two crazy stones.
And in only one basket apples gather,
and in only one net, the metallic brilliance of fishes,
meanwhile the short night cuts with a sword
of icy brilliance, emanating from day,
which, at any rate will, return tomorrow—
it will return, if we return.

XII

White sea-foam, March on the Island, I witness
the work of wave upon wave, crashing the whiteness,
the insatiable cup of the ocean is overflowing,
but the sky does not move, it is only
divided by the long, slow flight of priestly birds.
A world of burnished yellow is coming;
the tint of the calendar changes;
the beard of maritime autumn grows,
and my name is Pablo,
I am still the same,
I share love, doubts,
I have debts,
I partake of the vast sea and its company
moving each wave.

tengo tanta intemperie que visito
naciones no nacidas:
voy y vengo del mar y sus países,
conozco
los idiomas de la espina,
el diente del pez duro,
escalofrío de las latitudes,
la sangre del coral, la taciturna
noche de la ballena,
porque de tierra en tierra fui avanzando
estuarios, insufribles territorios
y siempre regresé, no tuve paz:
qué podía decir sin mis raíces?

XIII

Qué podía decir sin tocar tierra?
A quién me dirigía sin la lluvia?
Por eso nunca estuve donde estuve
y no navegué más que de regreso
y de las catedrales no guardé
retrato ni cabellos: he tratado
de fundar piedra mía a plena mano,
con razón, sin razón, con desvarío,
con furia y equilibrio: a toda hora
toqué los territorios del león
y la torre intranquila de la abeja,
por eso cuando vi lo que ya había visto
y toqué tierra y lodo, piedra y espuma mía,
seres que reconocen mis pasos, mi palabra,
plantas ensortijadas que besaban mi boca,
dije: "aquí estoy", me desnudé en la luz,
dejé caer las manos en el mar,
y cuando todo estaba transparente,
bajo la tierra, me quedé tranquilo.

I have witnessed many great storms:
stillborn nations:
I voyage and return from the sea and its many countries,
I know
the language of fish-bones,
the teeth of severe sea denizens,
chill of latitudes,
coral's blood, the whale's
taciturn night,
because from land to land
I advanced, through estuaries,
insufferable lands,
and I always returned—I had no peace—
what could I say without my roots?

XIII

What could I say without touching earth?
Whom could I have drawn near to me without the rain?
That is why I never was where I was—
and I did not travel except to return.
I have not kept a portrait or lock of hair
from cathedrals: I tried to melt my stone
with a fist, without logic, extravagant with
fury and equilibrium, at all hours I
reached the lion's territory,
and the frenzied tower of the bee.
That is why, when I witnessed what I had already seen,
when I touched soil and mud, stone
and the sea-foam of my soul,
beings that recognize my footsteps, my words,
the tendrils of green life kissing my mouth,
I said: "Here I am," and I undressed in the brilliance.
I let my hands sink into the sea,
and when everything reached transparency,
beneath the earth, I found peace.